10 MANDAMENTOS

Luiz Felipe D'Avila

10 MANDAMENTOS
Do país que somos para o Brasil que queremos

10 MANDAMENTOS
DO PAÍS QUE SOMOS PARA O BRASIL QUE QUEREMOS
© Almedina, 2022

AUTOR: Luiz Felipe D'Avila
DIRETOR ALMEDINA BRASIL: Rodrigo Mentz
EDITOR DE CIÊNCIAS SOCIAIS E HUMANAS: Marco Pace
REVISÃO: Almedina Brasil
DIAGRAMAÇÃO: Casa de Ideias
DESIGN DE CAPA: Casa de Ideias
ISBN: 9786586618907
Janeiro, 2022

Dados Internacionais de Catalogação na Publicação (CIP)
(Câmara Brasileira do Livro, SP, Brasil)

D'Avila, Luiz Felipe
10 Mandamentos : do país que somos para o Brasil que queremos /
Luiz Felipe D'Avila. -- 2. ed. -- São Paulo : Edições 70, 2022.

ISBN 978-65-86618-90-7

1. Brasil - História 2. Eleições – Brasil 3. Candidatos a presidente – Brasil
4. Ciências políticas 5. Ciências sociais 6. Partido Novo I. Título.

21-92626   CDD-320

Índices para catálogo sistemático:
1. Ciências políticas 320
Maria Alice Ferreira – Bibliotecária – CRB-8/7964

Este livro segue as regras do novo Acordo Ortográfico da Língua Portuguesa (1990).

Todos os direitos reservados. Nenhuma parte deste livro, protegido por copyright, pode ser reproduzida, armazenada ou transmitida de alguma forma ou por algum meio, seja eletrônico ou mecânico, inclusive fotocópia, gravação ou qualquer sistema de armazenagem de informações, sem a permissão expressa e por escrito da editora.

EDITORA: Almedina Brasil
Rua José Maria Lisboa, 860, Conj.131 e 132,
Jardim Paulista | 01423-001 São Paulo | Brasil
editora@almedina.com.br
www.almedina.com.br

SUMÁRIO

Parte I
O ATOLEIRO DO PRESENTE

Introdução 9
Conversa de Botequim e o Espírito Cívico 15
Síndrome de Adão e Eva... 23
7x1 29
Heróis Nacionais.. 35
A Elite e a Lei de Gerson 41
Um Estado Devorador da Riqueza Nacional 49

Parte II
AS NARRATIVAS DO PASSADO

Sergio Buarque de Holanda e as Raízes Antiliberais no Brasil........ 59
Gilberto Freyre e a Virtude da Miscigenação de Raças e Cultura.... 71
Caio Prado Júnior e Oliveira Vianna e o Viés Antiliberal
    do Pensamento Político e Econômico Brasileiro 83

Parte III
10 MANDAMENTOS PARA
CONSTRUIR O BRASIL DO FUTURO

1. "Adotarás o Parlamentarismo como Sistema de Governo".......... 97
2. "Criarás o Verdadeiro Federalismo" 107

3. "Criarás Servidores Públicos Movidos pelos Princípios da Meritocracia e da Política de Resultado".................115
4. Transformarás o Estado Assistencial em Estado Prestador de Serviço"..................127
5. Acabarás com o Capitalismo de Estado e Adotarás a Economia de Mercado..................139
6. "Integrarás o Brasil à Economia Global e Impulsionarás a Exportação"..................149
7. "Educarás os Brasileiros para o Mundo Globalizado"...............157
8. "Resgatarás a Cidadania Participativa"........................169
9. "Não Abrirás Mão dos Ganhos da Globalização".................179
10. "Resgatarás a Credibilidade do Estado, a Virtude da Política e a Defesa da Democracia e da Liberdade"...................191

INTRODUÇÃO

A DURA REALIDADE

O Estado brasileiro está quebrado, desacreditado e destruindo a credibilidade das instituições democráticas. Suas artérias foram entupidas pelo colesterol da incompetência das lideranças políticas que vêm postergando as reformas estruturais de que o Estado precisa; pela ineficiência da gestão pública petrificada nos rituais burocráticos e no cumprimento de processos dissociados do objetivo das políticas públicas; pelo câncer da corrupção compulsiva que azeita as intermediações dos rentistas do Estado que se apoderaram da máquina pública e formaram um cartel de políticos ladrões, empresários, sindicatos e servidores parasitas que vivem às custas do Estado e dos privilégios e subsídios a eles concedidos.

Os brasileiros que empreendem, trabalham e geram riqueza e inovação foram excluídos do Estado. São cortejados na época das eleições, mas imediatamente dispensados após o pleito. Logo após o fechamento das urnas, voltam a ser tratados como vilões que exploram os pobres, manipulam os mercados e só pensam nos seus interesses privados. Considerados os crápulas da sociedade pelos rentistas do Estado, sua função social é servir como provedores de recursos – via pagamento de impostos – para sustentar o Estado patrimonialista, corporativista e clientelista. A passividade, a inação e a condescendência da maioria dos brasileiros com um Estado que figura entre os mais caros do mundo e que oferece aos cidadãos serviços públicos entre os piores do planeta revelam o pouco valor que damos ao exercício dos direitos e deveres da democracia e da cidadania.

Estas três grandes crises – de cidadania, de liderança política e de gestão pública – vêm debilitando o Estado brasileiro e ameaçam minar e até mesmo destruir a nossa democracia. Não há mais tempo para reformas pontuais; é preciso urgentemente enfrentar os problemas que debilitam o funcionamento do Estado e criar uma nova governança que viabilize governos éticos e eficientes. No atual modelo de Estado, nem o maior líder político de todos os tempos, nem o melhor time de gestores públicos do mundo e nem os cidadãos mais conscientes e engajados do planeta conseguirão tirar o Brasil do pântano da ingovernabilidade, do subdesenvolvimento econômico e da desigualdade social. Esta é uma missão que necessita do engajamento coletivo da sociedade, e não de um salvador da pátria.

Não existe missão mais importante a ser empreendida do que a reforma do Estado brasileiro. Se continuarmos a postergá-la, deixaremos um país pior, mais injusto e menos democrático para os nossos filhos e netos. O Estado reflete os princípios, as aspirações e as crenças da sociedade. Se quisermos reformá-lo, é preciso iniciar esse processo revendo os valores, crenças e atitudes que nos condenam ao subdesenvolvimento econômico, político e social. A reforma do Estado começa pela reforma da nossa mentalidade. Precisaremos de coragem, determinação e mente aberta diante dos desafios da realidade, sem os falsos artifícios do populismo, dos credos ideológicos e das ilusões de promessas políticas que retardam a nossa capacidade de enfrentar os reais problemas que impedem o progresso político, econômico e social do país.

Este livro é dedicado à nova geração de brasileiros que terá a missão de reformar o Estado e rever os valores, crenças e atitudes que ainda mantêm o país no estágio de subdesenvolvimento político, econômico e social. Ela será responsável por criar o país do futuro; o futuro que a atual geração sepultou ao renegar a responsabilidade de enfrentar os reais problemas e contentar-se com as pequenas mudanças e melhorias que nos levaram a ser a nação do "voo de galinha": espasmos de pequenos avanços, seguidos por crises e estagnação.

PARTE I
O ATOLEIRO DO PRESENTE

CONVERSA DE BOTEQUIM E O ESPÍRITO CÍVICO

Aristóteles dizia que o propósito da política é formar cidadãos virtuosos. O filósofo grego argumentava que uma nação que preza a liberdade, a democracia e a justiça precisa investir na formação do caráter dos seus cidadãos; caso contrário, a política se torna um meroinstrumento de manipulação para capturar o Estado, a justiça se transforma em um mecanismo para perseguir os adversários do governo e distribuir favores aos amigos, a liberdade torna-se sinônimo de anarquia. Sem virtude, concluiu Aristóteles, o homem é o pior e o mais feroz dos animais.

É uma ilusão acreditar que o bom funcionamento da democracia requer a existência de um povo probo, sagaz e impoluto. Se tal requisito fosse indispensável, o regime democrático seria uma utopia e jamais haveria triunfado em lugar algum – nem mesmo na Atenas de Aristóteles. Mas, então, quais são as virtudes necessárias para o bom funcionamento da democracia? São as virtudes cívicas. A capacidade de discernir entre o certo e o errado, de deliberar com imparcialidade sobre a justiça; a habilidade de participar da vida pública e zelar pelas regras e leis que preservam a harmonia social e o bem comum. Segundo Aristóteles, as instituições, as leis e o Estado servem para garantira "vida boa"; isto é, as condições básicas – como a democracia e a liberdade – para que os cidadãos possam exercer o livre arbítrio e fazer as suas próprias escolhas, duas condições essenciais para desenvolver as suas habilidades e competências, buscar a excelência e se tornarem merecedores do reconhecimento da sociedade por suas ações e feitos. Deixemos de lado o mundo da Grécia antiga e voltemos a atenção para uma conversa de botequim em uma cidade brasileira. As pessoas em torno da mesa bebem cerveja, comem pastel e falam mal do governo. Dizem que o Brasil não tem jeito, que a corrupção está destruindo o país, os políticos são um bando de ladrões, o governo só pensa em aumentar os impostos e não tem competência para oferecer serviços públicos de qualidade. Mas, ao sair do botequim, o cidadão indignado com a corrupção no país se comporta como um dos corruptos que acabara de criticar: ele não vê nada de anormal em dizer ao médico que não precisa de recibo para pagar um valor menor pela consulta; tampouco considera imoral receber parte do dinheiro da venda do seu imóvel "por fora" para pagar menos imposto – parece não haver nenhuma correlação entre as nossas pequenas infrações do cotidiano e a roubalheira da política. Como dizia o ex-ministro Roberto Campos, o brasileiro tem dificuldade em compreender a relação entre causa e efeito.

Nas conversas de botequim e nas manifestações nas redes sociais, as pessoas pregam o combate implacável à corrupção na política. Já as pequenas imoralidades do cotidiano são tratadas como atalhos que fazem parte do manual de sobrevivência em um país onde há um cipoal de leis, regras e regulação complexas e desprovidas de lógica que induz o brasileiro a atuar à margem da legalidade. Essa desculpa esfarrapada reflete a incapacidade de compreender a relação de causa e efeito dos direitos e deveres da cidadania. O motorista que estaciona em fila dupla, o sujeito que suborna o fiscal para se livrar de uma multa, a venda de produtos sem nota para burlar o fisco são atos corriqueiros que retratam não só a falta de civilidade e de consciência cívica, eles colaboram também para corroer a credibilidade das instituições e os fundamentos dos valores éticos que são os pilares da democracia e da liberdade: a confiança nas regras do jogo, o respeito ao próximo e a consciência de que a qualidade do bem-estar de todos é determinada pela soma das atitudes e escolhas de cada um. Trata-se de um preceito elementar dos deveres da cidadania que soa estranho aos nossos ouvidos. No Brasil, o cidadão que é honesto e respeita as regras do jogo parece um "otário".

O conceito superficial de cidadania e de civilidade que impera no país reflete a nossa desconfiança em relação à liberdade. A Constituição de 1988 exemplifica o arcabouço jurídico-constitucional de uma sociedade que só acredita em liberdade e direitos que estejam minimamente detalhados e regulamentados por artigos constitucionais. Esse detalhamento exacerbado dos direitos constitucionais não tem nada a ver com a nossa herança portuguesa. Tem a ver com a nossa desconfiança de que, se a lei não for absolutamente clara em todos os pormenores, a esperteza dos poderosos prevalecerá sobre o bem comum da sociedade. Se a Constituição não assegurar os direitos trabalhistas, as reservas indígenas e as regras da aposentadoria, o empregador explorará o trabalhador, as reservas indígenas serão apropriadas por latifundiários ambiciosos e os idosos acabarão os seus dias como indigentes.

A ideia iliberal imbuída nessa crença revela que, em países nos quais há baixo grau de consciência cívica, a liberdade se apresenta como um princípio perigoso. Ela é percebida como um atalho para os mais poderosos dominarem os mais fracos e os incautos. Não é por outra razão que no Brasil prevalece a ideia de que liberdade boa é a liberdade assistida pelo Estado paternalista. O nosso complexo, confuso e contraditório arcabouço legal pode garantir, no papel, muitos direitos e obrigações, mas, na prática, causa enormes prejuízos à nação; cria dificuldades e impedimentos que prejudicam a competição, inibem a inovação, fomentam a impunidade, alimentam a corrupção e minam a capacidade de inovar e de aumentar a produtividade econômica do país. Ao tentar substituir a desconfiança nas instituições e a ausência de civilidade entre as pessoas, optamos por excesso de regras, de leis e de judicialização das relações pessoais e privadas; uma atitude que vem contribuindo para prejudicar o bom funcionamento do regime democrático.

A democracia é, *per se*, o regime político da confiança nas leis, nas normas de comportamento, nos valores e nos princípios da civilidade que permitem o pulsar da liberdade, o respeito aos direitos e o cumprimento da justiça. Como afirmou o cientista político italiano, Norberto Bobbio, "a democracia necessita da máxima extensão da relação de confiança recíproca entre os cidadãos e, portanto, da eliminação, tão completa quanto possível, da estratégia da simulação e do engano"[1]. Este é o maior desafio de mudança de crença e de atitude que teremos de enfrentar para mudar o país: resgatar a consciência cívica, os valores da civilidade e o senso dos deveres e direitos da cidadania.

Precisaremos confiar mais na nossa própria capacidade de criar, competir, inovar, agir e resolver as nossas diferenças sem a excessiva intermediação do Estado. Será preciso agir como adultos responsáveis e evitar o comportamento de criança mimada que precisa do amparo da empresa ou do sindicato, do colo do chefe e da proteção do Estado babá. A cidadania tem de deixar de ser um conceito abstrato de direitos para se tornar um conceito aplicado de deveres, responsabilidade, confiança e colaboração. Essa mudança conceitual trata-se de um requisito fundamental para aumentar a responsabilização do indivíduo e reduzir dramaticamente o papel intervencionista do Estado na esfera privada. Pode parecer difícil – até mesmo impossível – a adesão das pessoas à tão profunda mudança de comportamento e de mentalidade. Mas há sinais promissores no horizonte, especialmente quando analisamos os valores e atitudes da nova geração de brasileiros.

Se o sonho da geração passada consistia em conseguir um bom emprego no Estado, fazer carreira nas empresas estatais ou nos grandes conglomerados privados que simbolizavam a garantia do prestígio

---

[1] Bobbio, Norberto. *Elogio da serenidade e outros escritos morais*. São Paulo: Editora Unesp; 2002. p. 99.

profissional, da segurança material e de estabilidade do emprego, a nova geração é muito diferente. Ela valoriza muito mais a sua autonomia pessoal e sua liberdade de escolha; sonha em prosperar sema tutela do Estado, dos grandes conglomerados, do patrão e dos governantes. Essa nova geração prefere engajar-se em atividades que tenham significado pessoal e estejam alinhadas com os seus propósitose valores a se dedicar à construção de uma carreira tradicional de conquista de cargos e de poder em uma empresa ou no Estado. Ela participa da vida pública mobilizando as pessoas nas redes sociais, criando movimentos para defender causas e concebendo aplicativos que ajudam a fiscalizar e desintermediar a relação entre governo e sociedade. As manifestações populares realizadas em 2013 que levaram milhares de pessoas às ruas para protestar contra a corrupção e ogoverno Dilma foram organizadas por movimentos sociais e à reveliade partidos políticos, sindicatos e líderes políticos[2].

Essa nova geração nasceu em uma época na qual as estruturas hierárquicas estão perdendo relevância e poder, abrindo espaço para a atuação em rede de pessoas e de organizações que navegam com desenvoltura no universo da colaboração e multiplicando a intensidade da troca de ideias, produtos e serviços entre elas. A nova geração rechaça a intermediação indesejada do Estado, dos partidos políticos, dos sindicatos e de outras instituições que buscam monopolizar a criação de regras e mediar as relações privadas entre os indivíduos. Ela está empenhada em utilizar os recursos da tecnologia para fortalecer os laços de troca e de colaboração entre as pessoas, sem a intermediação do governo, do corporativismo estatal e das grandes corporações. O monopólio da informação desmoronou com a criação das redes sociais e aplicativos, como Google, Facebook e WhatsApp. O monopólio do transporte público nas grandes cidades foi desafiado

---

[2] Para entender o comportamento político da nova geração, vale a pena conhecer apesquisa "O Sonho Brasileiro da Política" realizada pela agência Box1824, disponível em: <http://www.sonhobrasileirodapolitica.com.br>.

pela criação dos serviços pagos de carona, como o Uber. O monopólio da intermediação financeira foi quebrado pela invenção de uma moeda virtual e de transações diretas entre as pessoas, como é o caso da Bitcoin.

Essas invenções tecnológicas continuarão a desafiar o poder das instituições hierárquicas, sejam elas empresas multinacionais, governos ou sindicatos. Trabalhadores transformaram-se em empreendedores e prestadores de serviços que dispensam a intermediação dos sindicatos para arbitrar as relações entre capital e trabalho; a informação e a notícia circulam entre as pessoas sem a intermediação da grande mídia; as transações financeiras não necessitam mais da intermediação dos bancos para a compra e venda de bens e serviços.

Nesse contexto, o Estado tornou-se uma instituição cara, ineficiente e lenta para responder às demandas da sociedade. Pagamos muitos impostos para receber serviços públicos de péssima qualidade. Segurança, educação, saúde e transporte público são apenas alguns setores em que a baixa qualidade do serviço reflete a incapacidade de o Estado de prestar bons serviços a um custo razoável. O Estado brasileiro, por exemplo, consome 40% do PIB, mas investe apenas 1%; os outros 39% financiam os gastos públicos. Houve uma inversão de papéis: o Estado e os governantes pensam que a sociedade foi criada para sustentá-los. Esqueceram-se de que o propósito do Estado é servir o cidadão, e não se servir dele. A ineficiência do Estado e a pressão da sociedade levaram o governo a desintermediar as atividades públicas, impulsionando o crescimento do terceiro setor.

A proliferação das instituições não governamentais ilustra a proeminência da sociedade em assumir um papel público mais ativo e participativo. Áreas como gestão de hospitais e de escolas públicas; administração de museus e parques; gerenciamento de programas sociais; e, em alguns países, até mesmo a terceirização de conflitos armados – substituindo soldados por mercenários –, retratam a expansão de instituições não governamentais em áreas que até então competiam exclusivamente ao Estado. A principal consequência dessa mudança é o aumento do engajamento cívico da sociedade. Os cidadãos passaram a se organizar para defender causas, influenciar governos, gerenciar atividades públicas, conscientizar outras pessoas quanto a problemas públicos e incitá-las a agir.

A emergência do espírito colaborativo e do hábito de trabalhar e conviver em rede foi ampliada pela rápida proliferação do uso das redes sociais, cuja contribuição se mostrou vital para viralizar a capacidade de mobilização de pessoas, ideias e recursos em torno de iniciativas e causas que impactam a vida pública. Em vez de apenas votar e delegar o poder aos governantes, o cidadão está cada vez mais atuante no âmbito público. Ele compreende melhor as limitações do governo e, de certa forma, sente-se corresponsável para cobrar, fiscalizar e ajudar a encontrar soluções para os problemas públicos.

Essa nova geração acredita no princípio aristotélico de que o Estado foi criado para servir o cidadão. Ela desafiará o monopólio do Estado de deliberar sobre escolhas políticas e de intermediar as ações individuais e coletivas em torno de causas públicas. Ela buscará cada vez mais limitar o raio de ação do governo e aumentar o poder e a autonomia do cidadão, buscando a ampliação do espaço das liberdades – individuais, política, econômica e social. Quando a liberdade é percebida como o mais importante dos valores para o desenvolvimento do indivíduo, para o progresso da sociedade, para o crescimento da economia, para o avanço da inovação e para a promoção do bem-estar coletivo, a pressão popular por mudanças se tornará irresistível.

O Estado democrático reflete os valores e crenças do país e dos seus cidadãos. Portanto, a força capaz de mobilizar a sociedade em torno das reformas estruturais virá dos cidadãos. Mas não podemos confundir a capacidade de enfrentar os reais problemas e promover atitudes transformadoras com as explosões momentâneas de ira e insatisfação que costumam incendiar movimentos e protestos populares. De fato, nesses casos, as "revoluções populares" acabam colocando em risco alguns valores e princípios que desejamos preservar – como a democracia, a liberdade e o Estado de Direito. O crescente radicalismo político em lugares tão díspares como a Europa e Oriente Médio, Brasil e Estados Unidos revela o perigo do surgimento de movimentos nascidos de frustração pessoal e de desencanto coletivo que procuram minar a própria existência da democracia. Como dizia um estadista brasileiro, Ulysses Guimarães, "política não se faz com ódio, pois não é função hepática. Política é filha da consciência, irmã do caráter e hóspede do coração".

Não é com partidos radicais, discursos populistas e governos autoritários que reconstruiremos a credibilidade da democracia, o apreço à civilidade e o culto à liberdade e à tolerância. Mudanças estruturais são feitas de maneira gradual e constante por líderes capazes de mobilizar as pessoas para enfrentar os reais problemas que impedem o progresso da sociedade. Essa missão requer coragem, determinação, perseverança e convicção nos valores, crenças e costumes que precisam ser preservados ou mudados para pavimentar o caminho das mudanças a que o Brasil aspira.

SÍNDROME DE ADÃO E EVA

Uma das reformas mais importantes do Estado brasileiro ocorreu no dia 4 de maio de 2000 – data da aprovação da Lei de Responsabilidade Fiscal. A lei, que culminou com o saneamento das dívidas dos estados e municípios e a imposição da disciplina fiscal aos governadores e prefeitos, encerrou o ciclo de reformas iniciadas em 1993 que constituíram a espinha dorsal do Plano Real: um conjunto de medidas que contribuíram para sepultar a hiperinflação, abrir a economia, resgatar a confiança nas instituições democráticas e preparar o país para um ciclo virtuoso de moeda estável, previsibilidade das regras e leis, retomada do crescimento econômico e redução da desigualdade social que perdurou até 2009.

O Brasil impressionou o mundo com a sua determinação de erradicar a hiperinflação; com o êxito do seu programa de transferência de renda (rebatizado como "Bolsa Família" no governo Lula); com a solidez do crescimento econômico e das suas instituições democráticas; com o dinamismo dos empreendedores brasileiros que transformaram o país em uma das maiores potências agrícolas do mundo, inovaram na produção de combustível limpo por meio da produção de etanol extraído da cana-de-açúcar e criaram empresas capazes de competir globalmente no ramo de bebidas (Ambev/Imbev), processamento de alimentos (JBS e BRFoods), aviação (Embraer) e moda (Havaianas), entre outros. O Brasil tinha também uma das maiores empresas de petróleo do mundo, a Petrobras – que se tornou a grande *blue chip* do mercado de ações, cujo valor de mercado atingiu quase 300 bilhões de dólares em 2010. No campo social, o país celebrou dois feitos importantes: a redução da desigualdade social e a ascensão da classe média. Esse Brasil pujante e democrático foi registrado em novembro de 2009 em uma capa da revista inglesa *The Economist*, cuja manchete era "O Brasil decola". A foto de capa mostrava o Cristo Redentor decolando, como se fosse um foguete rumo ao espaço. A mensagem era clara: ninguém mais poderia segurar a ascensão do Brasil. A epifania brasileira foi coroada com o recebimento de "grau de investimento", um selo de país confiável atribuído pelas agências mundiais de rating.

Mas em setembro de 2013, a mesma publicação mostrava uma realidade muito diferente daquela relatada em 2009. Na foto que ilustrava a nova matéria, o foguete do Cristo Redentor caía desgovernado. A manchete agora era "O Brasil fracassou?". A economia havia parado de crescer; a política errática do governo e suas excessivas intervenções na economia geraram desconfiança interna e externamente; o tripé da política monetária e fiscal – superávit primário, meta de inflação e câmbio flutuante – foi substituído pela contabilidade criativa do governo para maquiar a rápida deterioração das contas públicas; e, por fim, o governo não conseguiu frear o julgamento e a condenação no Supremo Federal Tribunal dos líderes políticos do PT envolvidos no caso do "mensalão" – o esquema de corrupção criado pelo governo petista para comprar votos no Congresso Nacional. Insatisfeita com o governo e indignada com os escândalos de corrupção, a população saiu às ruas para protestar em 2013.

Apesar do descontentamento com a presidente Dilma Rousseff, ela conseguiu se reeleger por uma pequena margem de votos em 2014, mas o governo continuou desgovernado. A economia cresceu menos de 1% e o capitalismo de Estado do PT deixou o país em uma situação dramática: rombo nos cofres públicos superior a R$ 100 bilhões, primeiro déficit primário desde 2001, inflação rompendo a barreira dos 10%, perda extraordinária da competitividade da indústria brasileira e a volta do aumento da desigualdade social. Para agravar o quadro, veio à tona o escândalo do "petrolão", o maior esquema de corrupção da história do Brasil, envolvendo a joia da coroa: a Petrobras.

Assim como um filme hollywoodiano, havia diretores corruptos administrando contas milionárias em paraísos fiscais; mafiosos que esquentavam dinheiro das propinas; empresários nacionais e internacionais que confessaram ter pago centenas de milhões de dólares em propinas a dezenas de políticos. A Petrobras tornou-se a companhia mais endividada do mundo, passou a valer menos de 40 bilhões de dólares, perdeu o grau de investimento e foi humilhada pelo mercado. As ações, que chegaram a valer quase R$ 40 em 2009, caíram para menos de R$ 9 em 2015. A população voltou a tomar as ruas em março de 2015, mais de dois milhões de brasileiros em todo o país ocuparam as ruas para manifestar a sua indignação com o governo, com a corrupção e com o Estado perdulário e ineficiente.

A revelação do "petrolão" arruinou a já esgarçada aliança dos partidos políticos que apoiavam o governo. A desintegração da base governista agravou-se com a crise econômica. O governo se viu obrigado a enfrentar a impopularidade em razão de uma severa recessão; mesmo assim, ainda relutava em promover um urgente e inadiável ajuste fiscal para tentar salvar o país da armadilha do baixo crescimento econômico, da baixa competitividade, do aumento da inflação e do desemprego. O Brasil voltou a ser considerado um país pouco confiável pela comunidade internacional. A desconfiança foi consagrada em 2015, quando as agências de *rating* retiraram do país o grau de investimento.

Esses ciclos de euforia e de decepção com o país marcam a história do Brasil desde a sua Independência, em 1822. Há momentos em que o país parece engajado em produzir ações transformadoras, mas, logo em seguida, volta aos antigos hábitos que freiam o desenvolvimento as reformas e as mudanças de cultura e de comportamento. O país parece condenado ao "voo de galinha": ciclos curtos de progresso e de desenvolvimento, seguidos de largos períodos de estagnação e instabilidade. Apesar de importantes conquistas políticas, econômicas e sociais nesses quase 200 anos de independência, o Brasil continua a ser um país pobre, desigual e volátil. Para romper os ciclos do "voo de galinha", vamos precisar de liderança política, de gestão pública eficiente e de cidadãos engajados em lutar por mudanças de crenças e de atitudes que impedem o progresso do país. Será preciso ter coragem, determinação e resiliência para enfrentarmos os reais problemas que nos condenam ao subdesenvolvimento.

A nossa primeira tarefa é nos livrarmos da "síndrome de Adão e Eva". No primeiro livro da bíblia – *Gênesis* –, Deus está caminhando pelo Paraíso, descobre que Adão e Eva haviam comido a maçã da árvore proibida e interroga Adão a respeito da desobediência. Adão culpou Eva por tê-lo tentado a isso. Quando Deus pergunta à Eva por que o havia feito, ela culpa a serpente. Deus, então, condena a serpente a rastejar pela terra e expulsa Adão e Eva do Paraíso. Todos foram punidos por Deus, mas o problema não foi resolvido. Não voltamos mais ao estado de inocência que existia antes de descobrirmos o conhecimento (Adão e Eva descobrem que estão nus). A sobrevivência do ser humano passou a depender do seu trabalho, do seu suor e da transformação dos seus erros e acertos em acúmulo de conhecimento que lhe permitisse inovar, progredir e inventar meios e maneiras de aumentar a sua chance de se adaptar ao seu habitat e de superar as dificuldades encontradas. Após a descoberta do conhecimento e da consciência e a expulsão do Paraíso, nós, os descendentes de Adão e Eva, tornamo-nos responsáveis por nossas escolhas, erros e acertos. O exercício do livre-arbítrio – e não mais a vontade divina – passou a definir o nosso destino no mundo.

No Brasil, ainda não chegamos a esse estágio de maturidade. Quando nos deparamos com um problema, a reação instintiva não é resolvê-lo, mas encontrar um culpado. O noticiário está repleto de exemplos. O governo petista culpa os mercados pelo fracasso de sua política econômica, o empresário culpa o governo por não o proteger da concorrência, o sindicato dos trabalhadores culpa a ambição do patrão pelo baixo salário que este paga. Quando não podemos escolher um alvo próximo para culpar, culpamos os nossos antepassados, a colonização portuguesa, a religião católica, a ignorância do povo e até mesmo Deus pelos nossos infortúnios. O peso da responsabilidade individual e do exercício do livre-arbítrio, como fatores determinantes que moldam o nosso caminho e as nossas escolhas de vida, parece-nos um fardo difícil de aceitar. É mais reconfortante imaginar que somos vítimas de criaturas malévolas que tiram proveito da nossa inocência e da nossa ignorância do que admitir os nossos próprios erros e enfrentar os reais problemas que nós mesmos criamos com nossas escolhas equivocadas.

Acreditamos que somos presas de governantes corruptos, patrões cruéis e chefes invejosos que exploram o voto, o bolso e a fé de pobres inocentes. Quando um desses monstros é culpado e condenado por seus atos macabros, sentimos um certo alívio momentâneo porque acreditamos que o problema foi resolvido. Mas a mera condenação dos culpados – que é necessária e desejável – não significa que o problema deixa de existir. O esquema de corrupção que debilitou a Petrobras, o déficit crescente das contas do governo e o baixo crescimento econômico do país não serão resolvidos com a prisão de alguns empreiteiros e políticos, a demissão de ministros ou o *impeachment* da presidente da República. Entretanto, esses problemas só serão resolvidos quando tivermos coragem e determinação de enfrentarmos as difíceis decisões que implicam combatermos a impunidade, revermos privilégios e benefícios insustentáveis e deixar de tratar cada segmento da sociedade como um coitadinho que necessita da tutela e daproteção do Estado para sobreviver em um mundo inóspito e injusto.Essa narrativa, tão familiar entre nós, é a fórmula do fracasso político,econômico e social de um país. Nenhuma nação deixou de ser subdesenvolvida com essa narrativa de vítima injustiçada.

O enfrentamento dos reais problemas nos obriga ao confronto com o peso da responsabilidade das nossas escolhas, a lidar com perdas e ganhos e com os custos pessoal, político, econômico e social que toda mudança traz no seu bojo. O preço de enfrentar os problemas verdadeiros parece ser demasiadamente alto para pessoas que prezam a popularidade, o ganho imediato e os benefícios de curto prazo. Por isso, a nossa reação instintiva é ignorar o problema e procurar contornar as adversidades com medidas pontuais e torcendo para que possamos deixar o problema para o governo seguinte e, em alguns casos, para a geração seguinte. Ao nos esquivarmos do enfrentamento dos reais problemas, desperdiçamos a oportunidade de fazer mudanças graduais e constantes. Os pequenos problemas transformam-se em grandes crises e somos obrigados a tomar medidas drásticas para evitar o descarrilamento do país. A volatilidade política e econômica do Brasil é fruto, em grande parte, do nosso hábito de ignorar problemas e de só os enfrentar quando não nos resta mais nenhuma alternativa possível. Ao eleger "culpados" pelos nossos infortúnios, infantilizamos o debate sobre os reais problemas e nos esquivamos da responsabilidade de fazer escolhas difíceis que ensejam ganhos e perdas indigestas para uma parcela da sociedade. O simplismo com que se abordam as grandes questões nacionais como uma disputa superficial entre "direita" e "esquerda" ou "ricos" e "pobres" denota a falta de coragem, do senso de dever e de responsabilidade individual e coletiva para enfrentar os reais problemas que minam o progresso político, econômico e social do país. O grau de maturidade de uma sociedade é mensurado pela sua capacidade de resolver os problemas prementes que impedem a sua evolução. O nosso primeiro desafio como nação é nos livrarmos da "síndrome de Adão e Eva".

7x1

O dia 8 de julho de 2014 é uma data inesquecível para os brasileiros. Em uma tarde ensolarada no estádio do Mineirão, em Belo Horizonte, a seleção brasileira de futebol foi massacrada pela seleção da Alemanha em uma partida decisiva das semifinais da Copa do Mundo. Foi a mais fragorosa e humilhante derrota do Brasil em um campeonato mundial. A derrota por 7x1 só não foi pior porque os alemães – por elegância e espírito esportivo – resolveram poupar a seleção brasileira no segundo tempo da partida, evitando que o placar se ampliasse para algo como 10x1.

Futebol é coisa séria no Brasil. Conseguimos digerir derrotas políticas, diplomáticas e comerciais, mas nada nos tira tanto do eixo como derrotas futebolísticas. Nós nos achamos a superpotência global do futebol; temos a melhor seleção do mundo e colecionamos o maior número de vitórias em Copas do Mundo; produzimos os melhores jogadores do planeta com uma competência que deixa o resto do mundo espantando com o talento, destreza, ginga e capacidade de improvisar do jogador brasileiro. Por isso, a incredulidade e o espanto dos brasileiros ao ver a sua seleção ser derrotada e humilhada na Copa do Mundo, em pleno Brasil.

A velocidade com que o time alemão massacrou o Brasil foi tão atordoante que nem os jogadores ou os torcedores se deram conta do que estava acontecendo no campo naquele fatídico 8 de julho. O primeiro gol da Alemanha ocorreu aos 10 minutos do primeiro tempo. O nervosismo tomou conta do time e, aos 22 minutos, a Alemanha marcou novamente: 2x0. Nesse momento, o nervosismo saiu para a entrada do desespero no time brasileiro. O orgulho nacional pulsou forte no coração dos jogadores e a pátria de chuteiras mandou às favas as jogadas ensaiadas e o esquema tático ensaiado para jogar como coração, com a garra e com a paixão que nos fazem ser o melhor time do mundo. A seleção brasileira abandonou o jogo estudado e partiu para o improviso da pelada. O zagueiro resolveu jogar de certroavante porque o atacante estava apagado e não fazia gol. Ninguémmais tinha outra função em campo a não ser fazer gol. O resultado desse futebol com muito coração e nenhuma cabeça foi desastroso. Aos 24 minutos, a Alemanha fez outro gol; aos 25, fez o quarto; e, aos 28 minutos, fez o quinto gol da partida. O país, incrédulo, assistia ao mito da seleção "melhor do mundo" desmoronar na sua frente, de forma patética e desesperadora. A única coisa que nos restou a fazerera torcer para que o jogo acabasse o mais rápido possível.

A tragédia continuou no segundo tempo, mas já sabíamos que estávamos fora da final e, então, começamos a usar a rede social para tentar ver o "lado bom" da história: a derrota na Copa ajudaria a derrotar a presidente Dilma nas eleições presidenciais de outubro. Estaríamos livres da narração e dos comentários do Galvão Bueno, o locutor da TV Globo. Mick Jagger, o roqueiro pé frio, estava no estádio assistindo ao jogo do Brasil; agora, era preciso contar com ele no Maracanã para que a Alemanha derrotasse a Argentina na final da Copa. Não haveria pesadelo pior do que ver a arquirrival Argentina vencero campeonato mundial em pleno Rio de Janeiro. Mick Jagger nos salvou; ele foi ao Maracanã e a Alemanha venceu a Argentina por 1x0.

A seleção brasileira de futebol é um bom retrato do Brasil. Possuímos um time de jogadores talentosos que não consegue atuar em conjunto para aumentar o desempenho do grupo. É uma situação na qual a soma dos talentos – que deveria produzir um time de excelência, capaz de atingir bons resultados – acaba gerando uma equipemediana, cujo desempenho é muito inferior à soma dos talentos individuais. Um time precisa de uma estratégia clara, alicerçada nos seusvalores e propósitos, para atingir os seus objetivos. Se a estratégia não retrata os valores e os propósitos da equipe, ela começa a ruir quandoé obrigada a lidar com fracassos, derrotas e crises.

Durante a Copa, o time da Alemanha, assim como o do Brasil, teve uma atuação medíocre. Mas enquanto o time alemão aproveitava cada jogo para rever erros e acertos e produzir ajustes que colaborassem para refinar a estratégia do jogo e melhorar o desempenho em campo, a seleção brasileira continuava com os experimentalismos que apenas forneciam mais dados e informações inúteis ao técnico Felipão, já que o time não tinha nenhuma estratégica clara, exceto explorar ao máximo o talento individual de Neymar. A "estratégia" do time brasileiro acabou nas quartas de final, no jogo contra a Colômbia, quando Neymar sofreu uma dura entrada de um jogador adversário e fraturou uma vértebra. O craque estava fora da Copa e o time brasileiro teve de enfrentar a Alemanha sem ele. O experimentalismo tornou-se uma sequência de desastrosos improvisos que levou o time brasileiro ao desespero e à derrota do inesquecível 7x1.

Antes de comandar a seleção, Felipão havia sido técnico do Palmeiras, um time que teve uma campanha tão desastrosa sob o seu comando, que foi rebaixado para a segunda divisão. É evidente que não se pode culpar apenas o técnico pelo rebaixamento do Palmeiras, mas se um dos critérios fundamentais para escolher um técnico – assim como o presidente de uma empresa – é avaliar o seu desempenho profissional e os resultados atingidos por ele, esse critério não se aplicou à escolha do dirigente do time brasileiro. Reinaldo Azevedo foi profético ao afirmar, em 2012, que a escolha do técnico Felipão não seguiu critérios objetivos de desempenho; "nunca antes na história deste país, um técnico levou um time para a segunda divisão e saltou dali para o cargo mais importante do futebol brasileiro". Como bem lembrou o jornalista no título da sua matéria, "Ao escolher a dupla

Felipão-Parreira, a CBF (Confederação Brasileira de Futebol) deixa a questão técnica de lado e opta pela feitiçaria"; e ele afirmava:

A escolha de Felipão, tendo Carlos Alberto Parreira como coordenador técnico, significa uma saída, digamos, mística: "Vamos juntar dois técnicos que já ganharam uma Copa para ver se dá certo.". Fez-se isso em 2006: indicou-se o próprio Parreira, campeão de 1994, tendo Zagallo, campeão de 1970, como coordenador. E deu errado. Tomara que os fatores acidentais conspirem a favor, já que, no universo das escolhas, optou-se pela feitiçaria"[3].

Essa escolha é reveladora dos valores e dos critérios que pautam as nossas decisões, como nação. Ele é o candidato "natural" do país que elegeu como heróis símbolos do martírio, do paternalismo e da malandragem. Felipão é a figura paternalista que emprega o seu carisma, autoridade e explosões temperamentais para impor disciplina ao grupo e controlar os impulsos da "molecada" pelo pagode, cerveja, mulheres e churrasco. Essa história de escolher técnicos e dirigentes seguindo apenas os critérios de desempenho, resultado e meritocracia são demasiadamente estrangeiros e "libertários" para o país que valoriza o personalismo, gosta da figura do "paizão" e tem uma queda irresistível por malandros charmosos e descolados. Não é por outra razão que as nossas instituições refletem esses valores e aspirações.

A CBF – Confederação Brasileira de Futebol – é uma miniatura do Estado brasileiro. Trata-se de uma instituição cara, corrupta e ineficaz, dominada por cartolas que colocam os interesses próprios e o favorecimento de amigos e de apadrinhados à frente dos interesses do futebol (e da sociedade). Nós, brasileiros, gastamos tempo, dinheiro e esforço sustentando instituições débeis e ineficazes, que criam problemas, dificuldades e complexidades capazes de minar o potencial do time (da sociedade) e de prejudicar o desempenho em campo (no mundo). Mas no imaginário popular, a ineficiência, a corrupção de

---

[3] Blog Reinaldo Azevedo, 28 de novembro de 2011 "Ao escolher a dupla Felipão-Parreira, a CBF deixa a questão técnica de lado e opta pela feitiçaria".

valores e as deficiências institucionais são compensadas pela falsa e confortante ilusão de que há sempre uma autoridade que exerce o papel de "paizão" para salvaguardar os interesses do torcedor (do povo) contra os interesses escusos dos poderosos – empresários, dirigentes e, de acordo com o mítico vocabulário do ex-presidente Lula, as "elite". Tanto a CBF como o Estado são tratados como cortes com reis absolutistas que distribuem benefícios, favores e sinecuras para manter os seus seguidores dependentes da condescendência do paizão que zela pela molecada.

A reforma das nossas instituições depende, em primeiro lugar, da nossa capacidade de rever valores, crenças e atitudes que nos escravizaram ao mundo mítico das virtudes da liderança paternalista, do patrimonialismo estatal, do corporativismo público-privado e da tolerância matriarcal com as molecagens dos nossos filhos e filhas. Não é assim que formaremos cidadãos responsáveis e virtuosos.

Seleção brasileira e "petrolão", Macunaíma e síndrome de Adão e Eva são apenas alguns exemplos reveladores da corrupção de valores, de diagnósticos rasos, de escolhas impulsivas e preocupação única com as questões imediatas do presente. Uma sociedade que só pensa em resolver os problemas de curto prazo, desfrutar as benesses do presente sem pensar no dia de amanhã e encontrar culpados externos para justificar as mazelas do país está definitivamente presa a um arcabouço de crenças, mitos, valores e atitudes que a condenará à decadência, mediocridade e a um futuro nada promissor.

HERÓIS NACIONAIS

A escolha dos heróis nacionais é reveladora dos valores e crenças que uma nação preza. Como diz José Murilo Carvalho, um dos maiores historiadores brasileiros, "herói que se preze tem de ter a cara da nação. Tem de responder a alguma necessidade ou aspiração coletiva, refletir algum tipo de personalidade ou de comportamento que corresponda a um modelo coletivamente valorizado"[4]. Nós, brasileiros, admiramos três tipos de heróis: mártires, líderes populistas e malandros. O primeiro retrata o nosso espírito de vítima, o segundo representa a nossa adoração por figuras paternalistas e demagógicas que nos "protegem" das injustiças do mundo, o terceiro revela a nossa atração irresistível por figuras que personificam o "jeitinho brasileiro", a capacidade de encontrar atalhos e de driblar regras, violar costumes e burlar a lei a fim de atingir nossos objetivos sem ter de trabalhar duro e de nos dedicar com afinco ao fazer a coisa certa e virtuosa. Ungir Tiradentes herói nacional logo após o golpe republicano de 15 de novembro de 1889 revela nosso espírito de vítima. Tiradentes tornou-se o símbolo do martírio do homem simples e injustiçado

---

[4] Carvalho, José Murilo. *A formação das almas*: o imaginário da república no Brasil. São Paulo: Companhia das Letras; 1990. p. 55.

que foi enforcado por causa de um conluio entre traidores, juízes injustos e governantes cruéis. Joaquim José da Silva Xavier, o Tiradentes, era comerciante, dentista (daí o apelido de "Tiradentes"), alferes – oficial militar de baixa patente – e também um pequeno minerador em Minas Gerais, quando a exploração de ouro já estava em decadência na província. Com a queda da atividade mineradora, Portugal tentou impor um novo imposto, a *derrama*, para compensar a queda de arrecadação que advinha da capitania mineira. A *derrama* foi o estopim que transformou a insatisfação popular com o governo em uma conspiração republicana, em 1789, conhecida como a Inconfidência Mineira. O grupo dos revolucionários republicanos contava com a participação das figuras notáveis da província: havia padres, como Manuel Rodrigues da Costa; grandes proprietários de terra que exploravam ouro, como José de Alvarenga Peixoto; oficiais militares, como José Resende da Costa e o seu filho; e membros da elite política local, como Claudio Manuel da Costa e Tomás Antonio Gonzaga.

A trama dos inconfidentes foi denunciada ao governador da capitania por Joaquim Silvério dos Reis e um pequeno grupo de traidores – reunindo Basílio Brito do Lago e Inácio Pamplona – que delataram o complô em troca do perdão de suas dívidas com o Tesouro Real. Todos os inconfidentes foram presos e condenados à forca; mas D. Maria I, rainha de Portugal, perdoou os inconfidentes, exceto Tiradentes. A justiça real livrou os poderosos da sentença e condenou apenas o pequeno comerciante e injustiçado alferes, que foi enforcado no dia 21 de abril de 1789. Tiradentes tornou-se "o Cristo da multidão", como conclamou Castro Alves na sua peça *Gonzaga ou a revolução de Minas*[5].

Identificamo-nos com as chagas e o sofrimento de Tiradentes. Nós nos sentimos como cordeiros inocentes, vítima de governantes sem-vergonha, de patrões injustos e de falsos amigos que nos traem por causa de interesses escusos, ambição excessiva ou inveja. Essa visão

---

[5] Carvalho, José Murilo. *A formação das almas*: o imaginário da república no Brasil. São Paulo: Companhia das Letras, 1990. p. 60.

vitimista de mundo está estampada nos nossos livros escolares, na narrativa dos professores nas salas de aula, no discurso político dos nossos governantes e nos mais diversos pleitos de pessoas e categorias que reivindicam do Estado proteção, "direitos" e privilégios para redimir injustiças históricas impostas por algum carrasco da história. Nesse mundo dominado por interesses escusos e pela impunidade dos poderosos, precisamos criar não só o mito do mártir, como também necessitamos de uma figura que represente o pai onipotente e misericordioso que nos dá colo, direção e proteção. Não à toa, Getúlio Vargas é o líder político mais admirado da história brasileira. Getúlio era uma espécie de camaleão sempre preparado para exercer o papel de protagonista político que a sociedade esperava de um líder naquele momento. Em 1930, ele liderou a revolução que destruiu a oligarquia da Velha República e empolgou os brasileiros prometendo criar um regime democrático. De 1937 a 1945, transformou-se no ditador do Estado Novo que governou o país com mão de ferro, suprimindo as liberdades individuais e rasgando a Constituição democrática. Já em 1950, ele ressurgiu como o presidente da República democraticamente eleito pelo povo.

Nenhum político brasileiro teve tanto êxito em empregar o carisma, a demagogia, o autoritarismo e a astúcia política para representar tantos papéis de maneira tão eficaz e crível. Vargas foi o "pai dos pobres" que criou o salário mínimo e a seguridade social; "o defensor dos trabalhadores" e responsável pela criação da legislação trabalhista e do Ministério do Trabalho; o líder nacionalista que criou a siderúrgica nacional, CSN, a Petrobras, a Eletrobrás – a estatal de energia elétrica – e o BNDES, o banco do Desenvolvimento Econômico e Social do Brasil. Essas iniciativas ajudaram a gerar empregos e também a cooptar empresários, comerciantes e agricultores com um extenso cardápio de subsídios, benefícios, crédito barato e medidas protecionistas que impulsionaram a industrialização do país, a urbanização do Brasil e as exportações brasileiras. Mas após a tentativa de eliminar o líder da oposição, o deputado e jornalista Carlos Lacerda, que culminou com o assassinato de um oficial da aeronáutica por um capanga de Getúlio, a imagem do presidente começou a ruir.

As investigações não só levaram à prisão do chefe da guarda pessoal do presidente da República, Gregório Fortunato, como também revelaram que o "mar de lama" denunciado pela oposição não era apenas retórica. O governo viu-se obrigado a se defender de várias denúncias de corrupção e negociatas. Acuado pelas acusações, Getúlio passou a sofrer ataques na imprensa, da oposição e dos militares. A orquestração de um golpe militar para depô-lo da Presidência da República o levou a se suicidar no dia 24 de agosto de 1954. O suicídio foi o seu último ato político; ele colaborou para criar o mito Vargas. A comoção popular com a morte de Getúlio fez a população esquecer rapidamente o "mar de lama" da corrupção, o ditador que trabalhou com afinco para sufocar a liberdade e minar a democracia e o líder populista que manobrava os partidos para se manter no poder a qualquer custo. Restou apenas a figura do "pai dos pobres" e do presidente onipresente que zelava e defendia os interesses do povo. A memória seletiva diz muita coisa sobre as figuras emblemáticas admiradas no país. O varguismo infestou o Brasil com duas doenças: a crença nas virtudes do Estado paternalista e centralizador; e o populismo – o câncer que mina o funcionamento das instituições democráticas.

Macunaíma é a figura mitológica do herói sem caráter. Ele é preguiçoso, indolente e se preocupa apenas em satisfazer os prazeres mundanos. Uma vez satisfeitos estes, Macunaíma é tomado por uma irresistível preguiça. Por ser um homem do mato e da floresta virgem, ele despreza os valores da civilização – como a educação e a cultura – e se deixa guiar por mitos, folclores, talismã e assombrações que parecem ter um papel preponderante na definição do seu destino. No mundo surreal de Macunaíma, há pouco espaço para a livre escolha. Por isso, devemos abandonar as pretensões de atos heroicos e ações virtuosas e pensar apenas na satisfação dos prazeres imediatos que nos levam de volta ao estado de repouso; "ai, que preguiça!" é a sua frase favorita.

No Brasil de Macunaímas, o apreço ao estudo, ao trabalho e ao capitalismo e o respeito às leis e a valores éticos parecem um desvio de caráter. O sujeito que se dedica ao estudo com afinco não é visto com admiração, mas como um "nerd" que passa horas debruçado em livros na busca do conhecimento, enquanto os seus amigos curtem a vida. Para que estudar se é possível chegar à presidência da República sem ter lido um único livro?, como afirmou uma vez o ex-presidente Lula. Da mesma forma, o indivíduo que dá duro trabalhando, pagando os seus impostos, enfrentando a competição e a concorrência parece um otário para os Macunaímas que acreditam que o caminho mais correto para conquistar a fortuna consiste em encontrar um atalho que lhes permita criar projetos mirabolantes, cultivar amigos poderosos na política e garantir o respaldo de reserva de mercados pelo Estado.

É verdade que alguns malandros conquistaram o poder e enriqueceram ao aplicar a lógica de Macunaíma, mas o custo para o país terá sido formidável, pois continuamos a viver no berço esplêndido do subdesenvolvimento político, econômico e social. Não se constrói uma nação pensando apenas nos ganhos imediatos, sem o senso de propósito e de legado que nos leva a compreender a necessidade de sacrifícios temporários para assegurar ganhos futuros para as próximas gerações, estamos condenados a viver como Macunaíma no primitivismo da floresta, com nossos medos, mitos e assombrações e exclamando "ai, que preguiça!". Macunaíma é a prova de que sem valores e princípios, o indivíduo não vai muito além do primitivismo dos desejos imediatos. Macunaímas não criam civilizações nem permitem o surgimento de Bill Gates ou Mozart porque são incapazes de transcender o minimalismo da subsistência.

A ELITE E A LEI DE GERSON

O início do século 21 passará para a história do Brasil como a "era das lideranças medíocres". Nunca tivemos uma safra de líderes tão desprovida de espírito público e de senso de missão, tão vazia de senso de dever e de propósito, tão rasa de valores cívicos, visão de longo prazo e de senso de legado. A elite do país, que deveria servir de exemplo de conduta pessoal, de referência de valores e de inspiração por suas obras e feitos, tornou-se fonte de opróbio, de desonra e de vergonha nacional. Do futebol à política, do mundo dos negócios ao mundo da filantropia, os membros da elite vêm ganhando notoriedade não pelos seus feitos, mas por causa de escândalos, conluios e um vergonhoso adesismo ao governo (não importa o partido) para garantir benefícios, reserva de mercado e favores do Estado. A elite não tem visão de país, convicção em valores e princípios ou espírito público. Tem apenas interesses imediatistas e dedica-se a extrair renda e favores do Estado que beneficiam suas atividades pessoais e profissionais. A elite política, artística, intelectual e empresarial quer mais verba pública, "direitos" e benefícios do Estado para preservar os seus feudos de votos, de produção artística, de carreira universitária e de nicho de mercado. Cada um luta para garantir a sua "meia-entrada" do Estado.

O comportamento da nossa elite diz muito sobre o país e a crise de liderança do momento presente. Ela não se importa com o país, muito menos com a civilização. Mantém-se distante da política e não quer se comprometer com causas e ações que possam indispô-la com o governo e colocar em risco os benefícios e favores que recebe do Estado. Prefere financiar as campanhas políticas dos principais partidos políticos para não se indispor com os governantes. Após as eleições, adere imediatamente ao novo governo, não importa qual seja o partido político ou o perfil pessoal e moral do governante. O adesismo da elite ao governo só se compara ao de países onde vigoram ditaduras e regimes autoritários. Nenhuma democracia do mundo conta com um contingente de áulicos tão dócil e tão facilmente corrompido pelos donos do poder político como a elite brasileira. É patético assistir à romaria de empresários, artistas e intelectuais que cortejam governantes para garantir a sua "meia-entrada", seja ela subsídio, isenção fiscal ou benefício do Estado para assegurar os recursos que garantem a realização de suas atividades.

Deve-se creditar grande parte da crise política e institucional do Brasil ao comportamento irresponsável da sua elite. Ela deseja apenas desfrutar dos privilégios da civilização, mas não quer participar da árdua tarefa de conduzir o país, de governar o Estado, de se engajar no mundo para defender os valores e as instituições que sustentam a civilização. Desprovida de um senso de dever e de nobreza de espírito, a elite brasileira não cumpre a sua missão de se esforçar para deixar um mundo melhor para as próximas gerações. Ortega y Gasset, o filósofo espanhol e autor de um livro seminal, *A rebelião das massas*, dizia que "a nobreza se define pela exigência, pelas obrigações, não pelos direitos. Nobreza é sinônimo de vida dedicada, sempre disposta a superar a si mesma, a transcender o que já é para o que se propõe como dever e exigência"[6]. Se a elite não estiver imbuída desse

---

[6] Ortega y Gasset. *A rebelião das massas*. São Paulo: Editora Martins Fontes, 1987. p. 81-82.

espírito, não há como salvar o país das garras dos demagogos e dos governos populistas que são os verdadeiros destruidores da democracia, da liberdade e da civilização.

Como Ortega y Gasset prognosticou no seu livro, "a civilização que está aí não se sustenta a si mesma. É artifício e requer um artista ou artesão. O que quer aproveitar as vantagens da civilização, mas não se preocupa em sustentar a civilização, se enfastiou. E, num piscar de olhos, fica sem civilização"[7]. O autor conclui com uma frase lapidar; "o mundo é civilizado, mas o seu habitante não o é: nem sequer vê a civilização nele, mas a utiliza como se fosse natureza"[8]. Essa elite parasitária, que adora desfrutar do mando, do dinheiro e do poder, mas se exime da responsabilidade de liderar o país, é facilmente cooptada por um quinhão de recursos públicos e de benefícios governamentais. Valores e princípios são secundários neste mundo do escambo, de defesa dos interesses imediatistas e da predominância de uma visão de curto prazo.

A elite brasileira perdeu a capacidade de discernir entre os valores e crenças que precisam ser preservados e aqueles que têm de ser mudados para garantir o progresso do país; ela ignora as lições dos erros e acertos do passado que deveriam servir de guia para nos ajudar a enfrentar os reais problemas que ameaçam os princípios da liberdade e do bom funcionamento da democracia. Ao ignorar a história e menosprezar as lições do passado, a elite é incapaz de discernir entre os reais e os falsos problemas da nação; as verdadeiras lideranças e os demagogos que se apoderam do governo; as boas ideias e os falsos atalhos que balizam as políticas públicas. Portanto, a elite é facilmente seduzida pelas "novas verdades" do populismo tropical, do socialismo moreno, do capitalismo de laços e de outros modismos político, econômico, artístico e social que apenas colaboram para procrastinar as reformas estruturais do país e fugir da difícil, mas incontornável,

---

[7] Ortega Y Gasset. *A rebelião das massas*. p. 103.
[8] Ibidem, 96.

responsabilidade de revermos as crenças, costumes e valores que nos mantêm em um estado permanente de subdesenvolvimento.

No Brasil, perpetua-se a falácia de que há algo belo, humano e inocente no nosso subdesenvolvimento; uma espécie de "virtude" que foi extirpada da alma dos países desenvolvidos e cumpridores de regras. Sem um pouco de ignorância e de charme, não se tem leveza, humor e simpatia que nos permitem enfrentar as dificuldades da vida com alegria, fé e esperança. Sem ginga e malandragem, "jeitinho" e favela no morro, não se criam samba com alma, craques do futebol e gente "descolada" que sabe se virar e sobreviver em um país volátil e instável que oscila entre picos de euforia e de ilusões, intercalados por vales de desilusão e descrença. Se traduzirmos a crença nas falsas virtudes do subdesenvolvimentista para a política, torna-se evidente o encanto irresistível dos discursos populistas e de governantes demagogos. DeGetúlio Vargas a Lula, os líderes populistas se apresentam como "defensores dos pobres", inauguradores de uma "nova era" e líderes que combatem os ricos para assegurar o bem-estar do povo. Esse discurso demagógico continua a render votos e espasmos momentâneos depopularidade. No mito da cultura populista, o líder da nação – o presidente da República – está acima das leis, dos interesses particulares e dos partidos políticos; ele é o "salvador da pátria" que arbitra com o seu voluntarismo patriarcal as questões nacionais, zelando pelo rumo da nação. Entretanto, as políticas populistas e as atitudes demagógicas dos governantes colaboram para corroer a credibilidade das instituições democráticas, restringir a liberdade de expressão, cercear a soberania do Estado de Direito e deturpar o funcionamento da livre inciativa e do mercado.

Além desses males, o populismo traz no seu bojo uma das maiores tragédias da política brasileira: a descontinuidade de boas políticas públicas. Cada vez que um presidente da República ou um novo ministro da Educação pretende inaugurar uma "nova era" e extirpar uma "herança maldita", ele está jogando na lata do lixo a memória dos erros e acertos do passado que deveriam servir de fonte inestimável de dados e informações para ajudar a aprimorar, melhorar e propor novas políticas públicas. As políticas populistas condenam o país a permanecer em um estágio de eterna ignorância, apostando em soluções casuísticas que nos levam a repetir erros com uma frequência extraordinária e a ignorar os reais problemas que retardam o progresso do Brasil.

O êxito dos líderes populistas nas urnas retrata dois males: a ignorância da população que continua a se iludir com o charlatanismo dos demagogos; e o oportunismo da elite que continua a apoiar qualquer governo que lhe garanta renda, favores e benefícios do Estado. Felizmente, o primeiro problema começa a ser erradicado com o aumento do acesso à educação; a crescente migração de jovens para os grandes centros urbanos à procura de trabalho, de estudo e de um futuro melhor; e, finalmente, com o acesso fácil à informação por meio de uma imprensa livre e independente e das mídias sociais. Esses fatores vêm colaborando para desenvolver o pensamento crítico e criar cidadãos mais conscientes de seus deveres e direitos, tornando-os mais severos na cobrança da qualidade de serviço prestado pelo Estado e mais imunes aos encantos dos demagogos que tentam transformar ilusões em votos.

O segundo mal – o oportunismo da elite – provou ser mais resiliente e a elite ainda não apresentou sinais de mudanças substanciais de atitude em relação ao Estado e à política. A sua atitude contribuiu significativamente para agravar a atual crise política e econômica. A elite aplaudiu o populismo econômico de Lula e de Dilma e beneficiou-se das políticas populistas que lhe concederam bilhões de reais em créditos subsidiados, isenção fiscal, ajudas setoriais e reservas de mercado. Em troca dessas benesses estatais para os seus negócios e atividades, a elite apoiou aqueles ex-presidentes petistas, financiando suas campanhas políticas e cortejando-os com homenagens, recepções e jantarespara agradecer os benefícios que receberam do Estado para o "bem do Brasil". Mas o fato é que as políticas protecionistas que ajudaramvários setores da economia prejudicaram imensamente o país. O Brasil perdeu competitividade, produtividade e mercado internacional para países que passaram a produzir produtos de melhor qualidade e de melhor preço do que os nacionais. A pauta de exportação do Brasil encolheu e deixamos de exportar produtos de maior valor agregado para voltarmos a ser um mero exportador de *commodities*. Mas o estrago do populismo político e econômico não se restringiu à degeneração das exportações brasileiras. Ela é apenas a face mais visível de um problema que se agigantava em silêncio: o verdadeiro desastre das políticas populistas veio à tona em 2015 com a explosão da dívida pública, o crescimento do desemprego, a disparada da inflação, a queda da atividade econômica e dos investimentos do país para o nível mais baixo da história do Brasil.

Soma-se ao desastre econômico, a crise política que foi deflagrada pelos escândalos de corrupção que vieram à luz e revelaram ao país e ao mundo a criação de um sofisticado esquema de compra de votos no Congresso para os projetos de interesse do governo (o "mensalão"); a utilização de empresas estatais como a Petrobras para financiar os esquemas de corrupção do governo e campanha eleitoral dos partidos da base governista (o "petrolão"); e as investigações da operação Lava Jato que revelou a ligação estreita dos laços de corrupção entre empresas privadas que se beneficiam de contratos públicos e governantes desonestos. As duas crises – política e econômica – derrubaram o nível de confiança no governo e no país, desencadeando um processo de perda de apoio popular, político e da elite ao governo Dilma Rousseff. Mas a mudança de humor no seio da elite não tem a ver com um súbito estalo de consciência cívica que a levará a retomar o seu papel de liderança na conduta das reformas estruturais. No momento em que um governo reformista começar a cortar créditos subsidiados e incentivos fiscais; abrir a economia e incentivar a competição; promover o ajuste fiscal e combater a inflação, presenciaremos o renascimento do espírito de resistência da elite: empresários, artistas, intelectuais, sindicalistas e políticos pressionarão o governo para cortar o benefício dos outros, mas não o de sua categoria, do seu setor ou de sua base eleitoral.

A mudança de mentalidade, de atitude e de comportamento da elite brasileira é um dos maiores desafios adaptativos do presente. Destituída do senso de valores e de virtude cívica, desprovida de espírito público e de senso de dever, descrente dos princípios de meritocracia e da excelência, resta-lhe apenas o desejo de defender os seus privilégios e de batalhar por favores e benefícios do Estado. O princípio que guia as ações da elite é a lei de Gerson – aquela que diz que é preciso levar vantagem em tudo. A nossa elite é tão viciada em ajuda do governo e subsídio do Estado que é incapaz de agir sem previamente receber alguma vantagem ou benefício público. O empresário quer algum tipo de benefício fiscal para instalar o seu negócio na cidade ou no estado; o artista só produz filmes e peças teatrais se contar com o benefício das leis de incentivo à cultura; os acadêmicos tratam as universidades estatais como cabide de emprego em vez de centros de excelência acadêmica. Esse comportamento parasitário da elite não poderia ter produzido bons frutos.

No setor privado, apesar dos incentivos públicos e dos benefícios governamentais, as empresas brasileiras perdem produtividade, competitividade e mercado para seus concorrentes globais (a agricultura é a exceção à regra). No campo das artes, os bilhões de reais de recursos públicos concedidos às produções cinematográficas não nos levaram a produzir filmes de excelência e de reputação internacional, como os argentinos, nem a criar uma indústria do cinema como os indianos (Bollywood). O mundo acadêmico é uma vergonha. A melhor universidade brasileira, a Universidade de São Paulo (USP), recebe bilhões de reais do governo de São Paulo, mas não está sequer entre as 100 melhores universidades do mundo. Seu desempenho medíocre não se deve à falta de recursos, mas à mentalidade de parasitas do Estado que perdura na universidade. Em vez de produzir excelência acadêmica, atrair os melhores cérebros do país e do mundo a exemplo dos chineses estão fazendo nas suas universidades e centros de pesquisa e desenvolvimento, a USP e a maioria das universidades federais e estaduais funcionam como uma estatal encampada por funcionários públicos parasitas, cujo trabalho principal é garantir seus privilégios e benefícios. Em 2014, por exemplo, a USP consumiu 105% do seu orçamento com folha de pagamento e benefícios. Uma vergonha.

É uma ironia, ou melhor, uma hipocrisia esperar que um país com uma elite parasitária que vive de renda, benefícios e favores do Estado seja capaz de encontrar, no seio da elite política, um celeiro de estadistas virtuosos. A nossa democracia representativa reflete os valores, as atitudes e o comportamento predominantes no país. O político, assim como o empresário, o artista, o acadêmico e os noventa milhões de brasileiros que recebem todo mês um contracheque do Estado, luta por suas verbas, benefícios, favores e vantagens particulares que o Estado lhe fornece. A nossa elite não está preocupada em construir um país melhor para as futuras gerações. Ela se comporta como herdeiros irresponsáveis que dilapidam os recursos, as obras e as conquistas que os nossos antepassados nos legaram.

UM ESTADO DEVORADOR DA RIQUEZA NACIONAL

A eficiência nunca foi uma virtude da gestão pública brasileira. Boa parte da disfunção do nosso sistema político deriva do embate de duas visões antagônicas que moldaram o papel do Estado no Brasil. A primeira foi inspirada pelo liberalismo político anglo-saxão. Os defensores dos princípios liberais – José Bonifácio, Joaquim Nabuco e D. Pedro II entre outros – entenderam que o Brasil deveria seguir o modelo inglês; isto é, criar uma monarquia constitucional, alicerçada nos pilares do Estado de Direito, da liberdade de imprensa, do direito à propriedade privada e da existência de um Parlamento eleito pelo povo. Graças à obra desses estadistas, o Brasil tornou-se o único país democrático da América Latina no século IX.

Essa tradição liberal também inspirou os republicanos civilistas a edificar uma República presidencialista, seguindo o modelo norte-americano concebido pelos *Founding Fathers*, no qual a Constituição federal é a base de um contrato social que limita o poder do governo e garante as liberdades individuais. Os três primeiros presidentes civis do Brasil – Prudente de Moraes (1894-1898), Campos Salles (1898-1902) e Rodrigues Alves (1902-1906) – lutaram bravamente para enraizar a república liberal e impedir que o país caísse nas garras dos "revolucionários" que defendiam uma república autoritária e populista. No fim do século XX, o presidente Fernando Henrique Cardoso foi o grande defensor das reformas estruturais que permitiram o fortalecimento das instituições democráticas e da desestatização da economia.

A segunda visão de Estado foi inspirada pelo modelo francês. Desde o reinado de Luís XIV (1638-1715), a França optou pela criação de um Estado centralizador e corporativista, no qual os governantes sustentam uma rede de leais súditos por meio de distribuição de favores governamentais, de concessão de renda pública e do corporativismo estatal que garantem direitos de exploração de negócios e dos serviços de interesse público a um grupo de compadrios.

Essa tradição francesa de Estado forte e intervencionista serviu para moldar as ideias positivistas de Auguste Comte, o filósofo que inspirou os republicanos brasileiros no fim do século 19 a derrubar a monarquia e a criar uma república ditatorial no país. Felizmente, das teses de Comte, sobrou apenas o *slogan* "Ordem e Progresso" na bandeira nacional. Mas as tentativas de se criar governos autoritários seduziram várias gerações de líderes populistas no Brasil e na América Latina. Em nome da defesa da "vontade popular", os governos autoritários e populistas passaram a manipular as leis e as instituições, a cercear a liberdade individual, a intervir fortemente na economia e a recorrer às políticas corporativistas e ao mercantilismo de compadrio que desestimulam a competição e o bom funcionamento do mercado. Esse modelo de Estado foi defendido pelos presidentes militares Deodoro da Fonseca (1889-1891) e Floriano Peixoto (1891-1894) no século 19; por Getúlio Vargas (1930-1945;1951-1954) e pelos governantes militares do regime autoritário (1964-1985) no século 20; e pelos governos petistas de Lula (2003-2011) e Dilma Rousseff (2012-2016) no século 21.

Apesar de alguns hiatos de períodos de autoritarismo, os defensores do modelo liberal conseguiram emplacar vitórias importantes. O arcabouço de valores liberais permitiu a criação das instituições democráticas, a existência de governos eleitos por meio de eleições livres e limpas que permitem a alternância de poder entre os partidos políticos; a garantia da liberdade de expressão, da liberdade religiosa e do convívio pacífico entre raças, credos e classes sociais; o respeito à propriedade privada e aos fundamentos da economia de mercado.

Se os liberais venceram a luta pela institucionalização dos princípios democráticos, eles perderam a batalha pela gestão do Estado e da economia. O modelo centralizador e patrimonialista triunfou, o que revela os desafios da nação para rever crenças obsoletas que impedem o progresso do país. Nós ainda somos uma sociedade que continua a acreditar que a economia de mercado é um mal necessário. Suspeitamos das virtudes da competição e tememos as rupturas causadas por mudanças inovadoras e tecnológicas que ameaçam o poder dominante dos tradicionais silos de poder, tais como partidos políticos, associações de classe, sindicatos e empresários que vivem de benefícios públicos e triunfam em uma economia fechada, em que a concorrência é limitada por regras impostas pelo Estado.

As divergências entre essas duas visões geraram conflitos e disputas políticas, resultando na criação de um modelo híbrido de Estado que vem condenando o país ao subdesenvolvimento econômico, político e social. O nosso modelo de Estado retarda o progresso econômico, debilita o funcionamento das instituições políticas e infantiliza o sentido dos deveres e direitos da cidadania.

A Constituição de 1988 revela a esquizofrenia de um país que procura conciliar os princípios da democracia liberal com a visão utópica do Estado corporativista e patrimonialista, cuja função é zelar pela "justiça social". Se, por um lado, a Constituição assegura a igualdade perante a lei, as eleições livres, a independência dos Poderes Legislativo, Executivo e Judiciário, a garantia das liberdades individuais do direito à propriedade privada; de outro lado, o texto constitucional retrata a garantia e a perpetuação do patrimonialismo estatal e dos interesses corporativistas. Criamos o mais generoso sistema previdenciário do mundo; outorgamos o direito universal à saúde pública; entregamos ao Estado o monopólio e o poder para controlar os setores "estratégicos" da economia e blindá-los do espírito predador da competição de mercado e da ganância dos empresários nacionais e estrangeiros; garantimos privilégios e direitos para quase todos os segmentos da sociedade – crianças, idosos, servidores públicos, trabalhadores agrícolas, artistas, professores, empresários, índios, estudantes etc. – e corporações, tais como sindicatos, religiosas, esportivas e associação de classes.

O Brasil tornou-se o Paraíso terrestre. Nenhum constituinte à época (exceto o senador Roberto Campos) teve a ousadia de questionar a inviabilidade financeira e econômica de se criar um Estado garantidor de uma miríade de privilégios, benefícios e reservas de mercado para inúmeros segmentos e categorias da sociedade. Na lógica obtusa dos constituintes, os fatos e dados econômicos e a perversa lógica cartesiana do senador Roberto Campos não podiam se sobrepor às aspirações e desejos do povo brasileiro. O Estado brasileiro não foi concebido para fomentar o progresso, a competição e o desenvolvimento do país. Ele foi arquitetado para proteger o cidadão das intempéries do mercado, do capitalismo, da competição e da concorrência que prejudicam "os filhos desse solo, ó mãe gentil".

A paráfrase do verso do hino nacional retrata o espírito protetor e maternal da nação. A função do Estado é proteger os filhinhos da pátria e não apenas criar leis e normas que lhes permitem crescer, competir e tornarem-se adultos responsáveis por suas escolhas, erros e acertos. Os filhinhos, quando perdem o embate para pessoas mais capazes e competentes, correm para debaixo da saia da mãe (do Estado), choram e reclamam que foram injustiçados. Sentem-se vítimas do sistema (político, econômico e social) e das injustiças da competição acirrada, do funil estreito da meritocracia e do triunfo do talento. Os filhinhos acham que o individualismo é o câncer da sociedade, que a competição de mercado é manipulada pelos gananciosos e que a política é um conluio dos poderosos. Os filhinhos acham que o Estado tem de ser um provedor de direitos, favores e proteção para compensar a competição exacerbada que rege o mundo capitalista e globalizado. No Brasil, o Estado dá colo, assegura a proteção e concede benefícios a todos – não importa se rico ou pobre, empresário ou trabalhador, jovem ou velho. O problema é que a conta não fecha. O custo dessa rede de direitos e privilégios está estrangulando o país. Com o envelhecimento da população, o custo do Estado não cabe mais no PIB.

Millor Fernandes dizia que "quando as ideologias ficam bem velhinhas, elas vêm morar no Brasil". A visão profética do grande chargista e humorista brasileiro não poderia ter sido mais bem retratada pela história contemporânea brasileira. Enquanto os parlamentares brasileiros redigiam a Constituição de 1988 que edificou a muralha do Estado interventor, protecionista e garantidor de benefícios assistencialistas, o mundo caminhava na direção oposta. Inglaterra e China, com Margaret Thatcher e Deng Xiaoping, introduziram políticas liberalizantes que estimularam a abertura de mercado, a competitividade e o aumento da produtividade para destravar as amarras da estagnação econômica, fruto das políticas socialistas. Em novembro de 1989, a queda do Muro de Berlim marcou o sepultamento do comunismo e o malogro das políticas socialistas.

No Brasil, a queda do Muro do Estado intervencionista só foi iniciada em 1990, quando o presidente Fernando Collor iniciou o processo de abertura da economia brasileira, reduzindo drasticamente as alíquotas de importação e enfrentando os protestos da indústria nacional que estava viciada em subsídios governamentais e acomodada a atuar em um mercado fechado à competição internacional. O governo Collor construiu o arcabouço legal para o processo de privatização, iniciando-o pela privatização da Usiminas. O governo Fernando Henrique acelerou as privatizações e as reformas liberalizantes da economia. Mas esse hiato de sensatez durou pouco. Em pleno século 21, as já aposentadas ideologias do Estado dirigista, centralizador e patrimonialista foram ressuscitadas pelos governos petistas, atingindo o apogeu durante a presidência de Dilma Rousseff. O seu mandato foi marcado pela imersão do país na mais profunda crise político-econômica desde a redemocratização do Brasil em 1985. O déficit público triplicou em cinco anos; a inflação disparou e rompeu o teto dos 10%, o patamar mais elevado desde 1994. O superávit primário desapareceu, o investimento público do país caiu para um nível raquítico de 1,6% do PIB, levando o Brasil a atingir o piso histórico de 16% do PIB (somando investimento público e privado), quando a média de investimento dos países latino-americanos foi de 25%. Essa trágica receita de insucesso levou o Estado a se apropriar de quase 40% do PIB por meio de impostos e a acumular um déficit nominal de 5%. Durante o governo de Dilma Rousseff, registrou-se o mais baixo crescimento do PIB desde a Independência do país, em 1822.

Acreditou-se que a política protecionista ajudaria a transformar os "campeões nacionais" da indústria em empresas altamente competitivas no mercado internacional. Ademais, o governo apostou no estímulo do consumo, do crédito subsidiado e do congelamento do preço de tarifas públicas (por exemplo, as de combustível e energia) como as melhores alternativas para impulsionar o crescimento da economia. Após um leve suspiro de crescimento, veio a estagnação, voltou a inflação e houve a queda de produtividade, dos investimentos, do emprego e da atividade econômica. A indústria brasileira foi sucateada e desvinculou-se das cadeias globais de produção. Perdemos capacidade de competir internacionalmente e a pauta de exportação de produtos de maior valor agregado do Brasil encolheu drasticamente. O país, que é a 8ª economia do mundo, tornou-se um nanico da exportação (24º exportador) e passou a exportar menos do que a pequena ilha de Taiwan. Se não fosse o ótimo desempenho da agricultura, esse resultado medíocre poderia ter sido muito pior.

O aumento exponencial dos impostos e dos gastos públicos revela outra anomalia do Estado brasileiro: o engessamento constitucional do gasto público, agravado pelo envelhecimento da população e pelo reajuste do valor dos benefícios atrelado ao valor do salário mínimo – que em vinte anos (1995-2015) teve um aumento real de 147% –, pavimentando o caminho do colapso fiscal do país. Como não há mais hiperinflação, bônus demográfico ou crescimento econômico vigoroso para encobrir as anomalias fiscais do Estado, os políticos não podem mais recorrer ao velho hábito de evitar a impopularidade política decorrente de cortes do gasto público e do ajuste fiscal por meio do aumento de impostos. De fato, "ajuste fiscal" no Brasil significa aumentar impostos e cortar investimentos públicos. Essa fórmula fatídica traz no seu bojo um altíssimo custo social: ao aumentar drasticamente a carga tributária e postergar os investimentos em infraestrutura e melhoria dos serviços públicos, o Brasil perde competitividade e produtividade, o que nos leva a perder mercado, investimento e empregos para outras nações emergentes que sanearam as condições internas investindo em ganho de produtividade, competitividade e de melhoria do ambiente de negócio.

Chegou a hora da verdade: o Estado corporativista e patrimonialista, que garante benefícios públicos generosos, reserva de mercado e privilégios para os rentistas da nação, faliu. A riqueza nacional já não é mais suficiente para sustentá-lo. O Brasil que produz, progride e gera riqueza não aguenta mais ser extorquido por governos ineficientes, governantes corruptos e políticas ineficazes. A geração de jovens brasileiros não quer emprego público, ela quer abrir o seu próprio negócio; não quer sinecura do Estado, ela deseja empreender; não quer Estado grande ou pequeno, mas Estado eficiente, que emprega de maneira eficaz os recursos públicos e oferece aos contribuintes serviços públicos decentes e compatíveis com o que paga em impostos.

A reforma do Estado começa pela revisão de valores, crenças e princípios arraigados nas nossas atitudes e nossos preconceitos. A verdadeira mudança requer coragem, determinação e disposição para separarmos o joio do trigo; isto é, o que queremos preservar da nossa história e tradições e o que temos de descartar para progredir e enfrentar os reais problemas que ameaçam a sobrevivência da democracia, da liberdade, do estado de direito e da civilização que os nossos ancestrais nos deixaram como um rico legado. Cabe a nós, cidadãos brasileiros, reformar o Estado e colocar o Brasil novamente no caminho da democracia liberal, da prosperidade econômica, da justiça social e do crescimento sustentável.

O nosso desafio consiste em criar uma narrativa de futuro capaz de mobilizar a sociedade em torno das mudanças de valor, de comportamento e de cultura que nos ajudem a construir um país mais democrático, livre, justo, competitivo e sustentável para as próximas gerações. Mas, para construir a narrativa do futuro, precisamos entender a narrativa do passado que moldou o arcabouço de valores, crenças e mitos que nos trouxe ao atoleiro do presente.

PARTE II
AS NARRATIVAS DO PASSADO

SERGIO BUARQUE DE HOLANDA E AS RAÍZES ANTILIBERAIS NO BRASIL

Raízes do Brasil, a obra clássica de Sergio Buarque de Holanda, é um dos melhores ensaios para compreendermos os valores e crenças que moldaram a nossa cultura e a do Estado brasileiro. O autor argumenta que as nossas raízes impedem a criação de uma democracia liberal. A edificação de instituições liberais é incompatível com a predominância do personalismo que dita as relações pessoais, econômicas, políticas e sociais no país. O personalismo exerce uma espécie de atração fatal entre nós. Ele constitui o pilar central da cumplicidade, do afeto, da cordialidade e da lealdade que tecem os laços matrimoniais, as sociedades nos negócios e as alianças políticas. Segundo Sergio Buarque de Holanda, a organização política, econômica e social no Brasil não emana da fidelidade a conceitos abstratos – como a veneração à constituição e às leis, o respeito aos princípios liberais e ao bom funcionamento das instituições democráticas. Ela advém das relações pessoais regradas pela cordialidade; são elas que garantem o crédito, o emprego, a segurança, a estabilidade e os benefícios públicos; "a contribuição brasileira para a civilização será a cordialidade – daremos ao mundo o *homem cordial*, a lhaneza do trato, a hospitalidade, a generosidade, virtudes tão gabadas por estrangeiros que nos visitam, representam com efeito, um traço definido do caráter brasileiro"[9].

---
[9] Holanda, Sergio Buarque. *Raízes do Brasil*. 26ª edição. São Paulo: Companhia das Letras, 1995. p. 147.

A cordialidade é a amálgama que sedimenta as relações pessoais, públicas, privadas e sociais no país. Ela estabelece a rede de vínculos de afetividade e de lealdade que se manifesta por meio do clientelismo, do nepotismo, do compadrio e do corporativismo que estão impregnados na conduta da família, dos negócios e da política. Numa sociedade dominada pelo personalismo, não se distingue a fronteira entre o público e o privado; "a própria gestão pública apresenta-se como assunto de seu interesse particular; as funções, os empregos e os benefícios que deles aufere relacionam-se a direitos pessoais do funcionário e não a interesses objetivos, em que prevalecem o esforço para assegurarem as garantias jurídicas aos cidadãos"[10]. Eis aqui a gênese do patrimonialismo estatal que instalou a confusão entre os interesses público e privado, o pessoal e o coletivo. A mescla desses interesses assumiu tal proporção ao longo dos séculos que governantes e governados aceitam como "direitos" legítimos a existência de benefícios corporativistas, setoriais e classistas que transformaram a maioria da população brasileira em rentistas do Estado.

O personalismo e a cordialidade refletem as heranças culturais ibéricas que nos deram o apreço pela aventura, pela ousadia e pela busca da riqueza fácil; "seu ideal é colher o fruto sem plantar a árvore. Esse tipo de homem ignora as fronteiras. No mundo tudo se apresenta a ele em generosa amplitude e, onde quer que se erija obstáculo a seus propósitos ambiciosos, sabe transformar esse obstáculo em trampolim"[11]. Ou seja, ele não aceita limites – sejam estes da lei, do Estado ou das regras da civilidade. Em vez de cultivar o apreço pelo trabalho, o aventureiro admira o ócio e a vida de "grande senhor, exclusiva de qualquer esforço, de qualquer preocupação. Para o nobre aventureiro dos trópicos, "a moral do trabalho representou sempre um fruto exótico"[12]. A ética do trabalho que preza o esforço duro da labuta, a perseverança em

---

[10] ibidem, p. 145-146.
[11] Ibidem, p. 4.
[12] Ibidem, p. 38-39

momento de adversidade e a recompensa da disciplina do talento na geração de riqueza são incompatíveis com a ética da aventura; nela impera a "audácia, imprevidência, irresponsabilidade, instabilidade, vagabundagem – tudo, enfim, quanto se relacione com a concepção espaçosa do mundo"[13].

Numa sociedade de aventureiros, na qual se aspira à vida senhorial, a igualdade dos direitos e de deveres não faz sentido; "em terra onde todos são barões não é possível acordo coletivo durável, a não ser por uma força exterior respeitável e temida"[14]. Em terra de barões, o mando prevalece sobre a lei, a obediência e a lealdade pessoal, sobre os direitos; o personalismo e os laços do compadrio sobrepõem-se à soberania das instituições. O personalismo e a cordialidade são incompatíveis com a impessoalidade do Estado e das leis que a democracia liberal exige para o florescimento da verdadeira cidadania e para o fortalecimento das instituições.

O espírito liberal desabrocha em países onde o povo valoriza a "ética do trabalho". O apreço pelos princípios liberais advém da necessidade imperiosa de se assegurarem as condições essenciais para o triunfo do trabalho livre, do empreendedorismo, da inovação e do esforço individual. O bom funcionamento das instituições democráticas preserva a ordem, a paz e a estabilidade; requisitos fundamentais para a existência do livre mercado e da confiança no governo, na justiça e no cumprimento de leis e contratos. O Estado de Direito garante as liberdades individuais, a propriedade privada e a liberdade de associação que protegem o cidadão do avanço do governo na esfera privada, permitindo ao indivíduo preservar os frutos do trabalho duro e usufruir de seus ganhos sem o temor de que seus bens serão confiscados de maneira arbitrária pelo Estado.

A democracia liberal requer a existência de uma esfera pública na qual as relações institucionais se sobrepõem às relações pessoais, o

---
[13] Ibidem p. 4.
[14] ibidem, p. 32

interesse público ao privado, a soberania do Estado e da lei aos laços familiares e domésticos. Como diz o autor de *Raízes do Brasil*, "só pela transgressão da ordem doméstica e familiar é que nasce o Estado e que o simples indivíduo se faz cidadão, contribuinte, eleitor, elegível, recrutável e responsável, ante as leis da Cidade"[15]. A cidadania só se enraíza na sociedade quando o indivíduo se liberta da tutela do personalismo e passa agir de maneira independente na arena pública.

No regime liberal, há uma nítida diferença entre as esferas pública e a privada. Na primeira, predominam os deveres e as obrigações da cidadania, a igualdade dos indivíduos perante a lei e o poder soberano das instituições sobre interesses particulares. Na segunda, resguardam-se, por meio das garantias constitucionais, as liberdades individuais, crenças, hábitos e atividades privados da intromissão do governo. A clara diferença entre o mundo público e privado exige a criação de um código de conduta que rege o convívio social. A polidez e a civilidade foram dois importantes artifícios do mundo civilizado para disciplinar os modos e o comportamento social. A polidez é um artifício da civilização que preserva a intimidade e a privacidade pessoal, "uma organização de defesa ante a sociedade. Detém-se na parte exterior, epidêmica do indivíduo, podendo mesmo servir, quando necessário, de peça de resistência. Equivale a um disfarce que permitirá a cada qual preservar intatas sua sensibilidade e suas emoções"[16].

Se a essência da civilidade é a polidez, "nenhum povo está mais distante dessa noção ritualista da vida do que o brasileiro"[17]. O personalismo e a cordialidade buscam estabelecer laços de intimidade e de afetividade que erradicam as fronteiras da privacidade pessoal e da atuação pública, da vida privada e da vida social. No Brasil, consideramos uma pessoa "sincera" quando a conhecemos na "intimidade";

---

[15] ibidem, p. 141
[16] Ibidem, p. 147.
[17] Ibidem, p. 147.

quando podemos abraçá-la, contar-lhe piada, convidá-la para jantar em casa e ter a liberdade de chamá-la por algum apelido que necessariamente termina com o diminutivo carinhoso com o sufixo "inho"[18]. No Brasil, a polidez e a civilidade são percebidas como elementos de arrogância e de pedantismo que colaboram para manter uma incômoda distância entre as pessoas. Revela uma certa falsidade e dissimulação de "pessoas frias" que têm "medo" de se render ao calor da intimidade, da amizade e da familiaridade.

O personalismo e a cordialidade que moldam as relações pessoais contribuíram de forma marcante para a não criação do espaço público. No período colonial, a vida acontecia no engenho (e não na cidade). A educação dos filhos, o trabalho, a vida social e cultural, a segurança e a estabilidade não eram garantidos pelo governo ou pelo Estado, mas pelo senhor de engenho; "sempre imerso em si mesmo, não tolerando nenhuma pressão de fora, o grupo familiar mantém-se imune de qualquer restrição ou abalo. Em seu recatado isolamento pode desprezar qualquer princípio superior que procure perturbá-lo ou oprimi-lo"[19]. O senhor de engenho é a autoridade incontestada família, da parentela e da comunidade do engenho. Ele decide, de acordo com sua vontade, o destino dos seus protegidos – membros da família, escravos e agregados.

No Brasil, "a entidade privada precede sempre a entidade pública"[20]. Quando surgiram as câmaras municipais no período colonial e o parlamento e a burocracia estatal no século 19, os donos da terra – senhores de engenho e fazendeiros – monopolizaram os cargos públicos de mando para assegurar que a política não prejudicasse seus interesses particulares, tampouco sua autonomia e autoridade de que gozavam no âmbito privado. Como constatou Sergio Buarque de Holanda, com a criação do Estado, o espaço privado invadiu o público.

---

[18] Ibidem, p. 148.
[19] Ibidem, p. 81-82.
[20] Ibidem, p. 82.

Mesmo com a gradual urbanização do país, o surgimento dos profissionais liberais (os bacharéis) e da burguesia comerciante, o voluntarismo do mando privado e o exercício da autoridade no seu território – seja no âmbito privado (fazenda) ou público (cidade ou região) – perpetuaram-se por meio de vários arranjos político, econômico e social. O coronelismo, o clientelismo e o nepotismo continuaram a ser empregados para garantir a ordem natural das coisas: a preservação do mando político é necessário para evitar que os interesses públicos sobreponham-se aos interesses privados. Não há como florescer a democracia liberal num país dominado pelo personalismo e pelo patrimonialismo, conclui o autor.

Em terra de barões voluntariosos e do mandonismo, o liberalismo é um corpo estranho no organismo cultural e social da nação; resta-nos conviver com um Estado dominado por duas forças preponderantes da política brasileira: o populismo e o autoritarismo. De fato, dos 128 anos de regime republicano no país (1889-2017), apenas 48 anos foram governados por presidentes que se esforçaram para fortalecer as instituições democráticas[21]. Os outros 80 anos foram marcados por um frustrante rodízio de regime de exceção, governos autoritários e líderes demagogos que utilizaram as instituições democráticas como instrumentos para legitimar o mando pessoal. Sergio Buarque de Holanda afirma que a ideia de se instalar a democracia liberal no Brasil foi um desejo utópico de uma elite intelectual de bacharéis que buscou institucionalizar um sistema de governo incompatível com os valores e tradições brasileiras; "a ideologia impessoal do liberalismo democrático jamais se naturalizou entre nós. Só assimilamos efetivamente esses princípios até onde coincidiram com a negação pura

---

[21] Prudente de Moraes (1894-1898), Campos Salles (1898-1902), Rodrigues Alves (1902-1906), Afonso Pena (1906-1909), Nilo Peçanha (1909-1910), Hermes da Fonseca (1910-1914), Wenceslau Braz (1914-1918), Delfim Moreira (1918-1919) e Epitácio Pessoa (1919-1922). Eurico Gaspar Dutra (1946-1951) e Juscelino Kubitscheck (1956-1961). Itamar Franco (1992-1995), Fernando Henrique Cardoso (1995-2002) e Michel Temer (2016-2018).

e simples de uma autoridade incômoda. A democracia no Brasil foi sempre um lamentável mal-entendido"[22].

É preciso compreender o contexto no qual essa afirmação foi feita. Sergio Buarque de Holanda publicou a primeira edição de *Raízes do Brasil* em 1936; um ano antes da institucionalização do Estado Novo, a primeira ditadura brasileira. Em seguida, foram publicadas novas edições, com revisões do autor, em 1948 e 1956. Esse período político foi marcado pelo protagonismo político de Getúlio Vargas, o caudilho-mor brasileiro. O revolucionário de 1930 que prometeu instituir a democracia, tornou-se o ditador do Estado Novo em 1937. Deposto em 1945, ressurgiu em 1951 e se elegeu presidente da República. Suicidou-se no dia 24 de agosto de 1954, quando estava prestes a ser deposto pela segunda vez por causa da tentativa do governo de encobrir o "mar de lama" (rede de corrupção e tentativa de encobrir o crime político que levou à morte de um oficial da Aeronáutica). Sergio Buarque de Holanda presenciou o fim da era Vargas e a ascensão ao poder do presidente Juscelino Kubitscheck (1956-1961), cujo mandato trouxe ao país uma saudável brisa de liberdade e de democracia. Mas logo após a presidência de Juscelino, o Brasil imergiu em um novo ciclo de instabilidade política que culminou com o golpe militar de 1964. O autor morreu em 1982, antes de presenciar a redemocratização do Brasil em 1985. Não é à toa que ele considerou a democracia no país como um "lamentável mal-entendido".

Sergio Buarque de Holanda está certo ao apontar o personalismo e o caudilhismo como forças políticas que impedem a existência de uma ordem democrática estável. De fato, um país no qual o Estado é frágil, os laços pessoais de afetividade, de favores e de proteção são as maneiras efetivas de se garantirem a estabilidade, a segurança e o senso de pertencimento. Entretanto, o efeito colateral do personalismo é a criação de laços de dependência. É mais confortável estar sob a tutela de padrinhos e de familiares que nos protegem, nos confortam

---
[22] Ibidem, p. 160.

e nos ajudam do que nos tornarmos cidadãos independentes. O espírito de cidadania só floresce em países onde a liberdade é o valor central a ser defendido, almejado e preservado. A democracia é o regime no qual o indivíduo deixa de ser súdito e se transforma em cidadão; ele abandona a dependência da família e da parentela para se tornar um ser independente e responsável pelo exercício do livre-arbítrio que determina suas escolhas, erros e acertos. O Estado democrático é um garantidor das liberdades, leis e direitos para todos; ele não é um ente cujo papel preponderante é assegurar privilégios e vantagens para cada segmento da sociedade.

"Estado bom", para a maioria dos brasileiros, é aquele que entrega benefícios, gera empregos e garante recursos e renda para as pessoas. Getúlio Vargas entendeu perfeitamente esse conceito e empregou sua destreza política para construir um Estado onipresente e centralizador. Seu objetivo político não era instaurar a democracia, mas utilizar a fachada democrática para criar um Estado que substituísse o papel dos coronéis de garantidores de benefícios e de proteção que fidelizavam as relações pessoais. Com o fortalecimento do Estado e a hipertrofia do governo a partir dos anos 30 do século passado, os laços pessoais de afetividade e de dependência foram transferidos das lideranças políticas locais para o líder do governo federal. Getúlio Vargas tornou-se o "pai dos pobres" e o protetor dos ricos contra os revolucionários; o amigo do trabalhador e o melhor aliado dos fazendeiros e dos empresários; o líder afetivo que andava no meio do povo, compreendia seus problemas e aspirações e utilizava a máquina pública para atender às necessidades dos seus seguidores; o político astuto que dobrou a elite com seu carisma e créditos generosos do Estado, mostrando-lhes que era preferível viver em harmonia com o presidente da República do que permanecer no ostracismo e na sombra que cabem aos opositores do governo e aos indivíduos que se vangloriam de sua independência.

No Brasil, o conceito de liberdade, de cidadania e de independência individual se chocam com os valores do personalismo e da cordialidade que prezamos. Defender esses princípios da democracia liberal é uma espécie de traição às nossas tradições; aos nossos pais, avós e ancestrais que construíram negócios graças à amizade com políticos e governantes; fizeram carreira na empresa ou na política, graças ao empurrão de um padrinho, tio ou amigo influente; realizaram o sonho de construir a casa própria ou exportar produtos, graças ao filho que namorava a filha de um importante diretor do banco público que lhe concedeu a linha de crédito. Se as realizações de vida se devem a uma longa linhagem de padrinhos, de amigos e de familiares que ajudaram a pavimentar o caminho das nossas conquistas, como traí-los em nome da democracia liberal que demanda a substituição dos laços pessoais pela impessoalidade do Estado; a dependência das relações familiares, afetivas e de amizade pelo individualismo e independência do cidadão?

Em um país que valoriza o personalismo e a cordialidade, o conceito elementar da democracia, de que a lei é igual para todos, pode parecer uma "injustiça". Como podem a lei e os direitos ser iguais para todos numa sociedade marcada por tantas desigualdades sociais e disparidades regionais? Nossa ideia de justiça baseia-se na distribuição de benefícios de acordo com as demandas legítimas de cada grupo. Daí a propulsão paternalista dos nossos governantes de criar benefícios, bolsas e subsídios para cada segmento da sociedade. Esta postura leva o cidadão a agir como crianças mimadas que demandam ajuda, recursos e proteção do Estado. Ao buscar satisfazer às vontades populares para conquistar votos e popularidade, os governantes cavaram a ruína financeira do país. Essa realidade que tentamos encobrir desde a redemocratização do país em 1985, aumentado impostos e o gasto público de maneira exponencial e sem levar em consideração a racionalidade econômica, a qualidade e a eficácia das políticas públicas, implodiu na crise de 2016. Estados e municípios estão quebrados e o governo federal financia a dívida pública pagando ao mercado a taxa de juros mais alta do mundo. A crise de 2016 trouxe à tona o fato de que Estado não consegue mais cumprir o seu papel de paizão. Os governantes terão a árdua missão de frustrar as pessoas, promovendo reformas que acarretarão em perda de benefícios e corte de despesas públicas para sanar as finanças do Estado e recuperar a sua capacidade de investimento.

Se o caudilhismo e o personalismo são incapazes de criar uma ordem democrática estável, qual é o modelo de Estado vislumbrado para o país? Sergio Buarque de Holanda não oferece uma resposta no livro. O autor teria de viver até a primeira década do século 21 para presenciar a mutação gradual no DNA brasileiro que nos permitirá conservar a cordialidade e erradicar o populismo, abrindo o caminho para o fortalecimento das instituições democráticas. Há pelo menos três fatores que causaram essa mutação.

Primeiro, a urbanização e a industrialização erradicaram o poder político do coronelismo, mudando o eixo de poder do campo para a cidade. A população urbana livrou-se do cabresto dos coronéis e passou a andar com as próprias pernas e a questionar valores e tradições que reforçavam os laços do personalismo que impediam o progresso do país.

Segundo, o Brasil tornou-se um país de classe média; um fato relevante para desencadear a mudança de mentalidade e de comportamento de gerações passadas que aceitaram passivamente o personalismo, o clientelismo e o nepotismo como o "jeito brasileiro" de conduzir a política e o Estado. A nova classe média deixou claro que repudia esses valores e o seu filho primogênito, a corrupção. Ela revelou claramente sua indignação por meio de manifestações populares que pressionaram o Congresso Nacional a cassar o mandato da presidente da República e do seu partido em 2016; ambos símbolos desses valores e práticas abomináveis. A nova geração vem mostrando com seus atos que valoriza o trabalho, o empreendedorismo, o mérito e a ética.

Terceiro, a globalização e a tecnologia aumentaram o acesso a dados e informações, estimulando a cooperação entre sociedade civil e Estado, o que vem obrigando governos e governantes a se tornarem mais transparentes, eficazes e responsáveis por seus atos e decisões e a trabalharem em parceria com o terceiro setor e a iniciativa privada em busca de soluções para os problemas e desafios na arena pública. Ao atuar em rede, governo, sociedade civil e setor privado se sentirão cada vez mais corresponsáveis por enfrentar coletivamente os reais problemas e buscar soluções inovadores. Essa interação é fundamental para aumentarmos o aprendizado, os experimentos e a capacidade das pessoas de resolver os problemas da sociedade, sem ter de recorrer ao encanto de líderes populistas que se apresentam como salvadores da pátria e oráculos de soluções para as nossas aflições.

Esses três fatores vêm colaborando para mudar crenças, valores e atitudes que contribuem para o fortalecimento das instituições democráticas. Infelizmente, não se trata de uma trajetória linear que nos levará a nos desvencilharmos facilmente do cancro do populismo e criarmos uma democracia estável e instituições sólidas. Temos de estar preparados para enfrentar períodos de avanço e de retrocesso. Mudança de valores é uma das tarefas mais difíceis que pessoas, organizações e nações têm de enfrentar para prosperar e se adaptar à nova realidade. Valores nos definem como pessoas e fazem parte da nossa identidade. Eles moldam nosso comportamento, nossos papéis e nossas lealdades. Temos a sensação de que abrir mão de certos valores é uma espécie de "traição" à memória dos nossos antepassados, da nossa individualidade e das nossas raízes. Na verdade, a mudança de algumas atitudes e crenças nos permitirá honrar a melhor parte das nossas raízes e adotar novos valores que serão indispensáveis para garantir o progresso da nação, restabelecer a confiança na política e a credibilidade das instituições democráticas. É possível resguardarmos a cordialidade que prezamos, mas reconhecendo que o personalismo não pode reger a política de Estado.

GILBERTO FREYRE E A VIRTUDE DA MISCIGENAÇÃO DE RAÇAS E CULTURA

A nação brasileira não foi forjada por meio de uma revolução (como a Guerra da Independência, nos Estados Unidos), nem por uma revolta de classes contra uma nobreza que tinha o monopólio do poder (como a Revolução Francesa) e nem por rebeliões locais contra os colonizadores estrangeiros (como as colônias espanholas na América Latina). A civilização brasileira nasceu da miscigenação de raças, crenças e costumes de índios, europeus e negros. A miscigenação esculpiu o povo, a cultura e os valores que regem as nossas instituições políticas, econômicas e sociais.

A colonização no continente americano se deu predominantemente por meio do emprego da força e da imposição dos hábitos e cultura do colonizador europeu. Nos Estados Unidos, no Canadá e na América espanhola, espanhóis, ingleses e franceses preservaram a postura clássica da raça dominante que impunha seus costumes e subjugava as populações locais, mantendo o *apartheid* social entre colonizador e colonizado. Em muitos casos, não hesitaram em exterminar povos locais (como fizeram com os índios) e civilizações (Incas e Astecas). Entretanto, no Brasil ela ocorreu fundamentalmente por meio da miscigenação de raças, da assimilação de culturas e da criação de uma nação híbrida de europeu, índio e negro.

No seu ensaio clássico, *Casa Grande & Senzala*, Gilberto Freyre argumenta que a miscigenação racial é o pilar central da formação da civilização brasileira. Os portugueses que aportaram no Brasil em busca de riqueza no século XVI eram jovens comerciantes, degradados e aventureiros que se casaram com índias e estabeleceram vínculos familiares, econômicos e sociais com as tribos de suas mulheres. Organizaram expedições em busca de pau-brasil e ouro, o que ajudou a expandir os domínios territoriais da colônia; participaram de guerras contra tribos inimigas, escravizando os índios capturados; adotaram hábitos e costumes indígenas que ajudaram a criar os laços de afeto, interesses e "confraternização entre vencedores e vencidos, entre senhores e escravos"[23]. No Brasil, costumes e hábitos europeus, africanos e indígenas fundiram-se; a religião católica e as crenças africanas mesclaram-se; a comida indígena, africana e europeia misturaram-se, criando o jeito particular do brasileiro de se comportar, rezar, comer e conviver. Não houve uma cultura dominante que se impôs sobre as demais.

A mescla de raça e de costumes se perpetuou com a chegada dos escravos negros, vindos da África para trabalhar nos engenhos de açúcar. Os negros substituíram os índios como mão de obra escrava no país, mas a miscigenação continuou a ser o principal elemento de sedimentação de laços pessoais e familiares que mantiveram a unidade social; "a miscigenação que largamente se praticou aqui corrigiu a distância social que de outro modo se teria conservado enorme entre a casa-grande e a mata tropical; entre a casa-grande e a senzala (...). A índia e a negra, depois a mulata, tornando-se caseiras, concubinas e até esposas legítimas dos senhores brancos, agiram poderosamente no sentido de democratização social no Brasil. Entre os filhos mestiços, legítimos e mesmo ilegítimos, havidos delas pelos senhores brancos, subdividiu-se parte considerável das

---

[23] Freyre, Gilberto. *Casa Grande & Senzala*. Formação da família brasileira sob o regime da economia patriarcal. Global Editora, São Paulo, 2003, p. 33.

grandes propriedades, quebrando-se assim a força das sesmarias feudais e dos latifúndios do tamanho de reinos"[24].

Não há lugar melhor para investigar o real impacto do fenômeno da miscigenação do que o núcleo central da organização social, econômica e política do Brasil colonial: a família e o engenho de açúcar. Por "família" entende-se a família estendida. No topo da pirâmide está o pai, o chefe de família e o senhor do engenho, que reinava de maneira absoluta sobre suas terras e seus familiares – esposa, filhos legítimos e ilegítimos, parentes, afilhados, agregados, serviçais e escravos.

A família é "o grande fator colonizador do Brasil, a unidade produtiva, o capital que desbrava o solo, instala as fazendas, compra escravos, bois, ferramentas, a força social que se desdobra em política"[25]. Por meio da família, constitui-se uma verdadeira teia de relacionamento por meio de alianças políticas, matrimoniais e nos negócios que fortaleceram os laços de poder, de riqueza e de prestígio social, numa sociedade em que o poder do Estado era mínimo. Não é por outra razão que o nepotismo e o cunhadismo emergiram como elementos vitais do fortalecimento dos laços de família, das lealdades pessoais e da troca de favores que constituem a essência da cultura do compadrio.

A função primordial do chefe patriarcal é garantir a ordem, a proteção e o bem-estar dos membros do clã. Não era uma tarefa trivial proteger os familiares das ameaças externas, incertezas e inseguranças que existiam numa "terra de ninguém", como era o caso do Brasil colonial. A imensidão territorial do país, adicionada à autoridade frágil e limitada do governo-geral e a falta de recursos da monarquia portuguesa para assegurar a paz, a ordem e a defesa do Brasil levaram a Coroa lusa a reconhecer a autoridade dos senhores de engenho, dos bandeirantes e dos líderes locais, investindo-os

---

[24] Freyre, Gilberto. *Casa Grande & Senzala. Formação da família brasileira sob o regime da economia patriarcal*. Global Editora, São Paulo, 2003, p. 33.
[25] Freyre, Gilberto. *Casa Grande & Senzala. Formação da família brasileira sob o regime da economia patriarcal*. Global Editora, São Paulo, 2003, p. 81.

com títulos e cargos. Essa relação de suserania e vassalagem colaborou para legitimar o exercício do mando dos senhores da terra e reforçar a lealdade dos coronéis locais à monarquia portuguesa.

O arranjo institucional foi bom para ambos os lados. Os senhores da terra tinham o poder e a autonomia para garantir o mando e a ordem local; em troca, a monarquia portuguesa conseguiu manter a unidade territorial brasileira intacta e ter acesso à riqueza do açúcar – um artigo de luxo cobiçado na Europa que se tornou a principal receita econômica da Coroa portuguesa. Mas, Gilberto Freyre não ignorou o custo social, político e econômico desse arranjo local que instituiu o mando da oligarquia local; "daí só poderia resultar o que resultou: de vantajoso, o desenvolvimento da iniciativa particular estimulada nos seus instintos de posse e de mando; de maléfico, a monocultura desbragada. O mandonismo dos proprietários de terras e escravos. Os abusos e violências dos autocratas das casas-grandes. O exagerado privatismo ou individualismo dos sesmeiros"[26].

Na pirâmide familiar, a mulher – ou melhor, a esposa – ocupava uma posição proeminente. Ela era responsável pela educação dos filhos, pela unidade familiar e, em muitos casos, pela administração dos negócios. A história de Ana Vicência Rodrigues de Almeida ilustra bem o papel da mulher no seio da família. Filha de um rico comerciante português que imigrou para o Brasil e fez fortuna no comércio e na mineração em Goiás e Mato Grosso no século XVIII, ela e seu irmão aprenderam desde cedo a administrar os negócios do pai. Aos 16 anos, Ana Vicência casou-se com Antonio Prado, um tropeiro e comerciante paulista que comercializava gado, muares e mercadorias do Rio Grande do Sul ao Pará. O casal teve três filhos, mas a morte prematura de Antonio em 1793, levou Ana Vicência a lutar pela preservação da família e dos negócios. Ela apelou para a rainha Maria I,

---

[26] Freyre, Gilberto. *Casa Grande & Senzala. Formação da família brasileira sob o regime da economia patriarcal.* Global Editora, São Paulo, 2003, p. 324.

em Portugal, para manter os três filhos, evitando que fossem criados por parentes. A rainha concedeu-lhe a guarda dos filhos.

Em seguida, Ana Vicência assumiu a difícil tarefa de administrar os negócios da família que consistia em reaver os créditos de clientese parceiros comerciais do ex-marido espalhados pelo país. Apesar decontar com a ajuda de seus três cunhados – Eleutério, Raimundo e Joaquim Pedro –, ela teve muita dificuldade para reaver os recursos. Ana Vicência educou os filhos e preparou-os para assumir os negócios da família. Encontrou no filho Antonio, o talento e a vocação comercial do marido para ingressar na carreira de tropeiro e reaver os recursos devidos à família. Antonio – o futuro barão de Iguape – tornou-se um dos grandes comerciantes e tropeiros paulistas. Ele não só reativou a rede de clientes e parceiros comerciais do pai e resgatou os créditos devido à família, como também se aventurou na mineração em Goiás e no comércio de secos e molhados na Bahia.

Em 1800, Ana Vicência resolveu casar-se com seu cunhado, Eleutério Prado. A união matrimonial com o cunhado ajudou a preservar o patrimônio da família. O tino comercial de Antônio e as fazendas de cana-de-açúcar de Eleutério, em São Paulo, colaboraram para expandir as artérias dos negócios da família. Eleutério delegou a Antonio a venda e comercialização do açúcar produzido nos engenhos de suas fazendas. Tio e sobrinho formaram uma lucrativa sociedade. Além de se tornaram responsáveis por 50% da comercialização do açúcar em São Paulo, ingressaram em outros negócios, como empréstimos financeiros, comércio de mercadorias e até mesmo na compra e venda de escravos para os seus clientes. Na primeira década do século XIX, Antonio aparecia como um dos homens mais ricos da província de São Paulo[27].

Se a mulher-esposa se tornou a espinha dorsal do núcleo familiar, a fazenda e o engenho transformaram-se na verdadeira pólis do período colonial. Nas cidades, não havia escolas ou bibliotecas públicas;

---

[27] d'Avila, Luiz Felipe. *Dona Veridiana*. São Paulo. Editora A Girafa, 2004, p. 40-42.

no engenho, havia tutores, livros e saraus musicais. Nas cidades, a vida era instável; os empregos, temporários; e a luta pela sobrevivência, difícil. No engenho, havia trabalho, comida, proteção e segurança. Enquanto no engenho reinavam a autossuficiência econômica e aordem, um contingente significativo de homens livres vivia perambulando pelas cidades, em situação precária e instável. Na cidade, muitos homens livres tornaram-se "párias inúteis, vivendo em choçasde palha, dormindo em rede ou estrado, a vasilha de água e a panela seus únicos utensílios, sua alimentação a farinha com bacalhau ou charque; e a 'viola suspensa ao lado da imagem'"[28]. O engenho, ao contrário, "foi a fortaleza, banco, cemitério, hospedaria, escola, santa casa de misericórdia amparando os velhos e as viúvas, recolhendo órfãos"[29]. O engenho não se limitava a produzir açúcar; o senhor do engenho exercia a função de governante, protetor e paizão dos membros da comunidade, zelando pela proteção, bem-estar e o amparo detodo o seu rebanho – sejam eles familiares, serviçais ou escravos. Esse papel de guardião e protetor da comunidade reforçava os costumes, os deveres e a legitimidade do sistema patriarcal.

Além do engenho e da família, a religião católica se consistia no terceiro alicerce da ordem social do Brasil colonial. Segundo Gilberto Freyre, "nossa formação social, fez-se pela solidariedade de ideal ou de fé religiosa, que nos supriu a lassidão de nexo político ou de mística ou consciência de raça"[30]. A religião ajudou a fortalecer os laços de afeto, responsabilidade e caridade no seio da família estendida, colaborou para o enraizamento do patriarcalismo e da preservação da ordem social e ajudou sedimentar os laços de solidariedade que colaboraram para a assimilação do estrangeiro na sociedade, para a propagação da miscigenação de raças e costumes, desde que fossem observados e respeitados os credos e os rituais do catolicismo;

---

[28] Freyre, Gilberto. *Casa Grande & Senzala. Formação da família brasileira sob o regime da economia patriarcal.* Global Editora, São Paulo, 2003, p. 98.
[29] Ibidem, p. 36.
[30] Ibidem, p. 271.

O perigo não estava no estrangeiro, mas no herege. Soubesse rezar o padre-nosso e a ave-maria, dizer o creio-em-Deus-Padre, fazer o sinal da Santa Cruz e o estranho era bem-vindo no Brasil colonial. Temia-se no adventício acatólico o inimigo político capaz de quebrar ou enfraquecer aquela solidariedade que em Portugal se desenvolvera junto com a religião católica. Essa solidariedade manteve-se entre nós esplendidamente através de toda a nossa formação colonial, reunindo-nos contra os calvinistas franceses, contra os reformadores holandeses, contra os protestantes ingleses. Daí ser tão difícil, na verdade, separar o brasileiro do católico: o catolicismo foi realmente o cimento da nossa unidade"[31].

O catolicismo praticado no Brasil não esteve atrelado ao rigor dogmático concebido pela Igreja. A religião, a fé e as preces faziam parte do cotidiano das pessoas. Os santos eram figuras íntimas da família e, portanto, frequentemente invocados para interceder nas questões do cotidiano. Por meio das preces, novenas e reza do terço, os santos e santas ajudavam a curar doenças que acometiam os membros da família, a livrar a lavoura das pragas e das secas que prejudicavam o plantio e a colheita e a enfrentar as dificuldades – como a fome, a morte e as perdas que atormentavam a vida do lar; "nunca deixou de haver no patriarcalismo brasileiro perfeita intimidade com os santos. O Menino Jesus só faltava engatinhar com os meninos da casa; lambuzar-se na geleia de araçá ou goiaba; brincar com os moleques"[32]. Como membros da família, os santos mesclavam-se com os parentes finados em torno da árdua tarefa de atuar como guardiões do clã; "abaixo dos santos e acima dos vivos ficavam na hierarquia patriarcal os mortos governando e vigiando o mais possível a vida dos filhos netos, bisnetos. Em muita casa-grande conservavam-se seus retratos no

---
[31] Freyre, Gilberto. *Casa Grande & Senzala. Formação da família brasileira sob o regime da economia patriarcal.* Global Editora, São Paulo, 2003. p. 91-92.
[32] Ibidem, p. 39.

santuário, entre as imagens dos santos, com direito a mesma luz votiva de lamparina de azeite e às mesmas flores devotas"[33].

A existência do catolicismo vivo, presente e informal praticado em casa e no engenho, conflitava com os dogmas da Igreja. Quando se tratava do exercício da autoridade doméstica, não havia governante, bispo ou instituição capaz de fazer valer as suas resoluções. Da porteira da fazenda ou da porta de casa para dentro, o poder do chefe da família era absoluto. Daí a necessidade de o rigor dogmático da Igreja acomodar-se aos hábitos locais para sobreviver como o tripé da ordem social que consistia da fé-família-engenho; "os jesuítas sentiram, desde o início, nos senhores de engenho, seus grandes e terríveis rivais. Os outros clérigos e até mesmo outros frades acomodaram-se, gordos e moles, às funções de capelães, de padres-mestres, de tios-padres, de pardinhos de meninos; à confortável situação de pessoas de família, de gente de casa, de aliados e aderentes do sistema patriarcal, muitos deles morando na casa grande"[34]. Segundo Freyre, esse catolicismo *light*, que beirava o lirismo dos cultos primitivos dos africanos e índios, colaborou para a criação da identidade, dos valores e crenças que uniram a nação e colaboraram para a exitosa integração de raças e culturas, evitando as experiências traumáticas de guerra civil, de *apartheid* racial, de divisões profundas de crenças e religiões que provocaram enormes fissuras culturais na formação de outros países. Está na hora de fazermos um balanço da obra de Gilberto Freyre para analisarmos o que queremos preservar e o que devemos descartar da sua narrativa para nos ajudar a enfrentar os reais problemas que impedem o progresso do Brasil. Primeiro, temos de descartar as narrativas ideológicas que costumam transformar a miscigenação racial, o cristianismo e a colonização portuguesa nos bodes expiatórios que explicam os nossos vícios e defeitos. Já tratamos desse fenômeno a

---

[33] Freyre, Gilberto. *Casa Grande & Senzala*. Formação da família brasileira sob o regime da economia patriarcal. Global Editora, São Paulo, 2003, p. 40.
[34] Ibidem, p. 272.

síndrome Adão e Eva – em outro capítulo e advertirmos que tal recurso de culpar terceiros por nossos infortúnios é apenas uma maneira infantil e simplista de fugirmos da responsabilidade de fazermos as nossas próprias escolhas. Infelizmente, essa não é uma tarefa trivial. Os livros didáticos nas escolas públicas e a formação doutrinária (e marxista) dos professores e professoras que ensinam os nossos filhos nas salas de aula estão recheados de mitos e crenças que tentam culpar o fardo da nossa herança colonial e escravocrata pelos problemas nacionais.

Os detratores de Gilberto Freyre, tanto à esquerda como à direita, enxergam a miscigenação como a raiz dos vícios nacionais. Os primeiros a consideram o elemento central que colaborou para a preservação da sociedade patriarcal e do mandonismo arbitrário dos donos do poder; fomentou o mito da benemerência patriarcal e personalista da elite senhorial, que ludibriou as pessoas pobres e ignorantes, retardando o amadurecimento político do povo, a consciência dos seus direitos e, evidentemente, a incapacidade de se compreenderem as virtudes da igualdade propugnada pela doutrina socialista. Já os segundos argumentam que a combinação do catolicismo com miscigenação de europeus, índios e negros se constitui uma das piores misturas possíveis. Trata-se da união do colonizador explorador coma preguiça do índio, a dependência da mão de obra servil e a ideia deque fazer negócio e acumular riqueza é pecado. Essa mescla crenças e raças impediu o florescimento das virtudes da ética protestante: o valor do trabalho; o respeito às regras, leis e contratos; e a admiração daousadia dos inovadores e empreendedores que, por meio do mérito próprio, enriquecem e triunfam na sociedade.

Evidentemente, nenhuma dessas narrativas é capaz de explicar o fato de que o Brasil é um país independente há quase 200 anos e, portanto, dono do próprio destino e responsável por suas escolhas, aspirações e projeção no mundo. Assim, a primeira coisa que precisamos descartar é criar falsas narrativas que culpam o capitalismo, a globalização, a herança portuguesa, a miscigenação racial e o catolicismo por nossos infortúnios. Os nossos problemas são frutos das nossas escolhas erradas, da nossa incapacidade de perceber os reais problemas e do nosso vício de buscar falsos atalhos que nutrem a falsaesperança de que é possível atingirmos o nirvana sem ter de lidar comperdas, desconforto e dor inerentes às mudanças de crenças, cultura,atitudes e costumes de uma sociedade, empresa ou família.

Está claro que o progresso do país depende da nossa capacidade de descartarmos um segundo item que foi brilhantemente descrito na obra de Gilberto Freyre: a arbitrariedade e o mandonismo do exercício do poder. Esse fenômeno continua impregnado de tal sorte na cultura brasileira que ainda há rastros de suas pegadas em pleno século XXI. A casa-grande foi substituída pelo governo e os senhores de engenho passaram a ser políticos, empresários e sindicalistas que se apoderaram do Estado para extrair benefícios, privilégios e favores para si próprio e para os seus correligionários. No Brasil, a igualdade perante a lei ainda é uma fantasia. Basta analisar a maioria das nossas leis para constatar o número absurdo de exceções, de privilégios e de "meia-entrada" assegurados para determinados segmentos da sociedade. Trata-se de uma tarefa árdua a criação de um país democrático, onde todos deveriam ser iguais perante a lei, quando a mentalidade de "sinhozinho" continua a refletir na formulação das nossas leis.

A consequência mais visível do mandonismo e da arbitrariedade da mentalidade "sinhozinho" é a impunidade. Ela blinda os "abusos e violências dos autocratas", fomenta a corrupção, corrói a credibilidade da Justiça, fortalece a criação de uma rede clientelista que garante empregos públicos, favores, benefícios e negócios que almejam extrair recursos do Estado para benefício próprio. Não é por outra razão que causa espanto entre os poderosos (mas também um raio de esperança no país) quando a Justiça resolve cumprir a lei e julgar, com o devido rigor e isenção, governantes e empresários envolvidos em escândalos de corrupção e de desvio de dinheiro público.

Voltemos a tratar dos valores e atributos que devemos preservar da narrativa de Gilberto Freyre. O autor considera a habilidade de forjarmos novos consensos a partir dos nossos antagonismos como uma de nossas grandes virtudes; "a potencialidade da cultura brasileira reside na riqueza de antagonismos equilibrados". As diferenças e as disputas entre "o católico e o herege, o jesuíta e o fazendeiro, o bandeirante e o senhor de engenho, o bacharel e o analfabeto, o senhor eo escravo" ajudaram a desenvolver a nossa capacidade extraordináriade acomodar, contemporizar, conciliar e de evitar conflitos e confrontos radicais que esgarçassem a unidade política e social do país.

Assim como Aristóteles, Gilberto Freyre acreditava que a virtude está no meio, e não nos extremos. A miscigenação ajudou a erradicar a intolerância, o fanatismo e o radicalismo. Ela colaborou para o desenvolvimento do espírito de tolerância e da habilidade de contemporizar, de acomodar e de se adaptar às circunstâncias da época e à realidade do contexto. Ajudou a desenvolver no brasileiro o espírito conciliador e tolerante e a capacidade de resolver conflitos sem apelar à ruptura, à violência. Criamos um país sem o trauma de guerra civil e de confrontos étnicos e religiosos que marcaram a história de tantas outras nações. Nesse sentido, somos um exemplo para o mundo. Essas virtudes contribuíram para criarmos "o tipo de civilização mais estável da América hispânica" (segundo, Freyre) e uma das democracias mais sólidas entre os países emergentes.

Gilberto Freyre estava certo. A arte de aprendermos a transformar a miscigenação de raças e cultura na base da conciliação dos antagonismos nos ajudou a desenvolver um ótimo DNA para triunfarmos no mundo da globalização e da interdependência.

CAIO PRADO JÚNIOR E OLIVEIRA VIANNA E O VIÉS ANTILIBERAL DO PENSAMENTO POLÍTICO E ECONÔMICO BRASILEIRO

O marxismo transformou-se em uma espécie de religião, cujos dogmas e crenças intoxicaram os intelectuais e comprometeram a sua capacidade de compreender a realidade. Quando os fatos destoam dos seus preceitos ideológicos, o intelectual prefere ignorar os fatos ou distorcê-los para justificar seu entendimento do mundo. Essa é a tese central do livro *O ópio dos intelectuais*, do filósofo e sociólogo francês, Raymond Aron. Publicado em 1955, um período marcante da Guerra Fria e do embate político, econômico e intelectual entre liberalismoe comunismo, Aron retrata como o ópio do marxismo inebriou uma safra de intelectuais-militantes a tal ponto que eles se tornaram pensadores desonestos e hipócritas. Ao conhecer os fatos das barbaridades do regime soviético – os expurgos criminosos de Stalin em 1936 e 1938, as evidências da existência dos *gulags*[35], das deportações e dos assassinatos de "inimigos" do regime soviético –, gigantes da intelectualidade francesa, como Jean-Paul Sartre e Merleau-Ponty[36], continuaram a

---

[35] Campos de prisioneiros políticos e pequenos criminosos, condenados a trabalhos forçados. Os *gulags* eram o destino dos intelectuais e dos dissidentes políticos do governo na União Soviética.
[36] Jean Paul Sartre (1905-1980) escritor e filósofo francês e militante marxista. Maurice Merleau Ponty (19808-1961), filósofo e militante marxista.

negar os fatos e a emprestar o seu prestígio intelectual para apoiar o totalitarismo soviético. É verdade que não é apenas o ópio do marxismo que causa torpor na intelectualidade. O nazismo, o fascismo e o populismo causam o mesmo dano, seduzindo intelectuais e os transformando em propagandistas de ditaduras. No caso do Brasil, vamos discutir dois deles: o marxismo e o populismo.

O ópio do marxismo inebriou intelectuais ao redor do mundo que não só empregaram o seu prestígio e influência para legitimar a tirania comunista como também influenciaram a formação do pensamento de gerações de jovens do século 20 que acreditaram nas promessas do nirvana socialista propagado pelos seus professores: a ideia de que o marxismo poderia acabar com as imperfeições do capitalismo, corrigir as injustiças sociais e aprimorar o funcionamento da democracia. No Brasil, o cardeal supremo desta seita foi Caio Prado Júnior. Assim como Sartre e Merleau-Ponty na França, Caio Prado exerceu profunda influência na formação do pensamento político e econômico do Brasil moderno. Mas enquanto Sartre e Merleau-Ponty se tornaram referências do pensamento francês do século 20, a visão marxista de Caio Prado Júnior continua a ditar o conteúdo dos livros didáticos utilizados nas escolas brasileiras e, portanto, colabora para a formação da visão de nação e da história do Brasil dos nossos jovens. A influência das ideias de Caio Prado nos ajudará a compreender a perpetuação do pensamento antiliberal, cujos traços perduram até o presente.

Caio Prado Júnior nasceu em 1907, no seio de uma das famílias mais importantes de São Paulo[37]. Martinico Prado, seu avô, foi republicano na época do Império e pioneiro em organizar a imigração de trabalhadores italianos para São Paulo no fim do século 19 que substituíram a mão de obra escrava na lavoura no estado. Foi também um fazendeiro notável que desbravou as terras em Ribeirão Preto, expandindo a fronteira da cafeicultura paulista. Antônio Prado, seu

---

[37] d'Avila, Luiz Felipe. *Dona Veridiana*. São Paulo: Editora A Girafa, 2004.

tio-avô, foi ministro do Império e o primeiro prefeito de São Paulo no século 20, responsável por um ambicioso projeto urbanístico que transformou o centro de São Paulo no de uma cidade com cara de Paris. Ele criou o Parque e a Estação da Luz, o Teatro Municipal eavenida Tiradentes. Eduardo Prado, outro tio-avô, foi o intelectualda família. Amigo de Eça de Queiroz, Joaquim Nabuco e Machado de Assis, foi dono de jornal, historiador e um dos fundadores da Academia Brasileira de Letras. Nesse rico ambiente doméstico, Caio Prado Júnior teve o privilégio de conviver intimamente com intelectuais, políticos e homens de negócio do seu tempo. Sorveu o gosto pela história de Eduardo Prado e a veia de militante político rebelde de seu avô Martinico. Mas sua militância política iniciou-se no partido Democrata, fundado por seu tio avô Antônio Prado, para abrigar a ala dissidente da elite paulista que rompera com o Partido Republicano Paulista, após a agremiação fechar questão em torno do apoio a Júlio Prestes, candidato a presidente da República na eleição de 1930. O Partido Democrata apoiou o candidato da oposição, Getúlio Vargas.

Caio Prado Júnior foi um defensor entusiasta da candidatura Vargas e tornou-se um dos articuladores do movimento revolucionário de 1930 que levou Getúlio ao poder em outubro daquele ano. Entretanto, sua desilusão com o Partido Democrata ocorreu em 1931, quando o interventor do estado de São Paulo nomeado por Getúlio, o tenente pernambucano João Alberto Lins de Barros, foi demitido do cargo. Oswaldo Aranha, ministro e braço direito do presidente da República, foi enviado a São Paulo pelo próprio presidente da República para resolver a crise política causada pelo despotismo de João Alberto e do seu chefe de polícia, Miguel Costa. A dupla de tenentes usou e abusou do emprego da força para prender, intimidar e perseguir os adversários do governo em São Paulo. O comportamento autoritário de João Alberto e de Miguel Costa irritou profundamente os paulistasque voltaram a se unir contra o despotismo do governo federal e de seus agentes. Oswaldo Aranha chegou a São Paulo a tempo de estancar a crise e a nomear Lauro de Camargo; um paulista, jurista e civil,para o cargo de interventor do estado.

Se a demissão de João Alberto apaziguou o ânimo dos paulistas e evitou uma insurreição de São Paulo contra o governo de Getúlio, ela foi a gota d'água para o rompimento de Caio Prado com o partido Democrata e sua decisão de se filiar ao partido Comunista. Esseepisódio revela um fato importante da crença política de Caio Prado;o seu fervoroso antiliberalismo. João Alberto representava o espíritoda nova ordem política e da vocação revolucionária do golpe de 1930que pretendia sepultar a república liberal e a oligarquia de bacharéis que se apoderou do Estado. Para Caio Prado Júnior, a demissão de João Alberto representava a primeira concessão de Getúlio à "oligarquia" liberal paulista e à disposição do presidente da República de sacrificar a criação do Estado forte e centralizador para garantir a governabilidade do país.

O desconforto de Caio Prado Júnior com a política partidária é típica dos espíritos antiliberais: retrata a intolerância com o pluralismo das ideias, com a diversidade de interesses e com o resultado frustrante das negociações político-partidárias que resultam em concessões para se chegar ao consenso. A cura para esses males está na criação de um Estado forte, autoritário e centralizador para unir a nação e estancar as divergências que dividem o país. Como bem notou Jorge Caldeira em seu livro *História do Brasil com Empreendedores*, a gênesedas ideias antiliberais que influenciaram a formação intelectual de Caio Prado Júnior não se encontra no marxismo, mas no pensamentoconservador de Oliveira Vianna, o intelectual conservador mais importante do país no início do século 20. Caio Prado Júnior não só estudou profundamente a obra de Oliveira Vianna, como também conviveu com o historiador que foi amigo e frequentador dos debates intelectuais organizados por Paulo Prado – tio de Caio, filho de Antônio Prado e sobrinho favorito de Eduardo Prado. O que une o mestre (Oliveira Vianna) ao seu pupilo (Caio Prado Júnior) é a crençano antiliberalismo como alternativa à decadente democracia liberal.

Jorge Caldeira revela no seu livro a semelhança da visão antiliberal de Estado propagada por Oliveira Vianna em *Evolução do Povo Brasileiro* e de Caio Prado Júnior em *Evolução Política do Brasil*. Ambos enxergavam, na democracia liberal e na descentralização do poder, agênese da instabilidade política e da fragilidade do Estado brasileiro. Segundo Oliveira Vianna, a mistura de ideias liberais com a fragmentação do poder entre o governo federal e os estados resultou em levantes locais, revoltas estaduais e disputas políticas fratricidas entre líderes regionais e facções políticas que geraram instabilidade e desordem no país. Para Oliveira Vianna, o importante não é a democracia, mas a liberdade cívica, que só pode existir "por meio de uma organização sólida e estável da autoridade, especialmente da autoridade dopoder central (os poderes Executivo e Judiciário). O poder Legislativo, na sua modalidade parlamentar, é de importância secundária"[38].

Com a instituição do Estado Novo em 1937, os "males" do liberalismo e do federalismo foram sepultados. Surgiu o sistema de governo ideal para o Brasil, segundo Oliveira Vianna. Um governo autoritário e centralizador, chefiado por um líder populista e paternalista que empregou o seu poder e carisma para suprimir o poder Legislativo, os partidos e a oposição. O absolutismo do poder Executivo permitiu o governo aparelhar todas as instituições – organizações empresariais, sindicatos e imprensa – e transformou-as em entes subservientes à vontade do governo. O Estado Novo tornou-se o sonho de todo populista que assumiu a presidência da República no país. Mas Caio Prado Júnior não acreditava que a mera existência de um Estado forte e centralizador fosse suficiente para restabelecer a ordem e a paz social no país. Elas só seriam enraizadas se tivéssemos a disposição de enfrentar o problema central que criou a desigualdade social no país e transformou a política em um conluio da elite política e do poder econômico para explorar o povo.

---

[38] Vianna, Oliveira. *Problemas de política objetiva*. Rio de Janeiro: Editora Record, 1974, p. 36.

O símbolo dessa exploração é a existência do latifúndio que surgiu no período colonial e se tornou o epicentro da organização política, econômica e social do país. A criação das grandes propriedades rurais foi vital para a colônia se tornar um importante fornecedor de açúcar; um produto desejado pela metrópole (Portugal) e convertido em fonte de riqueza para o colonizador. O latifúndio demandava a existência de monopólios e de mão de obra servil (escravos) para assegurar a produção em larga escala. Ele foi fundamental para garantir a geração de riqueza nos ciclos econômicos do açúcar e do café que dominaram a economia brasileira por 300 anos. O latifúndio perpetuou a monocultura e inibiu a diversificação econômica; "à medida que a população colonial vai crescendo procurando outras iniciativas em que aplicar suas atividades, a política de restrições econômicas se acentua. Procura-se impedir a produção de qualquer gênero que não interessasse diretamente à metrópole e seu comércio ou que fizesse concorrência à sua produção nacional"[39]. Ou seja, nunca tivemos independência econômica. Tínhamos de produzir *commodities* para sustentar a metrópole (Portugal) e para satisfazer as grandes potências econômicas europeias que controlavam o comércio mundial, como Holanda e Inglaterra. Aliás, a pujança do comércio colonial "para os países da Europa, neste período (século 18), se manifesta naslutas que em torno dele se ascendem. Todos os conflitos europeus, pode-se dizer desde a Guerra de Sucessão Espanhola (1701-1714), einclusive as guerras napoleônicas, têm sempre, como *ultima ratio*, o problema colonial"[40].

Segundo Caio Prado Júnior, o latifúndio explica muitos de nossos problemas, como a desigualdade social, a sociedade de classes, a concentração de riqueza e a criação de governos dispostos a defender os interesses dos latifundiários em detrimento dos interesses dos menos

---

[39] Prado Júnior, Caio. *História econômica do Brasil*. São Paulo: Editora Brasiliense (35ª edição), 1987, p. 54.
[40] Ibidem, p. 82.

favorecidos e dos trabalhadores. O arcabouço político foi concebido para garantir o êxito da exploração econômica. A criação das capitanias hereditárias na época colonial e o advento do Império no século 19 e da constituição da República a partir de 1899 retratam sistemas de governo que garantiram a perpetuação do monopólio do poder econômico nas mãos de grandes proprietários, banqueiros e barões da indústria. O marxismo, juntamente com o Estado forte e centralizador, é vital para romper esse ciclo vicioso, pautado pela governança da exploração descrito por Marx como os estágios que regem as relações de senhor-escravo (período colonial), nobre-plebeu (império) e burguês-trabalhador (república). Marx previu que a nova governança seria implantada com a "ditadura do proletariado"; a ideia de uma sociedade na qual as divisões de classes sociais deixariam de existir e haveria apenas o bem comum.

A visão maniqueísta, que pautou tanto as ideias de Oliveira Vianna como as de Caio Prado Júnior, foi facilmente convertida em uma moldura atemporal para "entender" o Brasil e o mundo. As diferenças entre ricos e pobres, as mazelas dos governantes corruptos e de empresários safados que exploram o povo e enriquecem às custas do Estado, os efeitos nefastos da globalização e o aumento das desigualdades sociais podem ser explicados por meio da lente simplista pela qual se vê o mundo pela ótica de "nós", os honestos, humildes e explorados, e "eles", os latifundiários, exploradores e desonestos. Quando a crença incondicional nos preceitos ideológicos dita a "verdade" dos fatos, o intelectual abandona o pensamento crítico e torna-se um militante intolerante com aqueles que discordam de suas "verdades" e de seus credos ideológicos. Esse truísmo vale tanto para os intelectuais de esquerda como para os de direita. Como bem lembrou Raymond Aron, são necessários muito ópio ideológico e contorcionismo da história para que os fatos se encaixem na moldura do credo de Caio Prado Júnior. Mas a sua visão marxista da história do Brasil ignorou completamente o dinamismo da economia local para focar na explicação da economia latifundiária, baseada no trabalho escravo e na exportação de mercadorias cobiçadas pelos países europeus.

Uma breve descrição da construção da fortuna da família Prado é reveladora da pujança do mercado interno. Antônio, o primeiro Prado, chegou ao Brasil no início do século 18. Ele entendeu rapidamente que as grandes oportunidades para ganhar dinheiro estavam no comércio, e não no cultivo da terra. Tornou-se tropeiro e comerciante e logo atuou como fornecedor de ferramentas, produtos e de pequenos empréstimos para seus clientes na rota de Parnaíba, interior de São Paulo, a Goiás. Entre seus clientes, havia fazendeiros, comerciantes e aventureiros que organizavam expedições no sertão goiano em busca de ouro. O segundo Antônio expandiu a atividade de tropeiro para Bahia, Minas Gerais e Mato Grosso. O terceiro Antônio (1778-1875), conhecido como barão de Iguape, era o tataravô de Caio Prado Júnior e responsável por transformar a fortuna dos Prado em uma das maiores do país. Ele também não gostava de terras. Ganhou dinheiro como tropeiro, comercializando muares e bois que traziam do Rio Grande do Sul para São Paulo e Rio de Janeiro, financiando expedições comerciais e fazendeiros. Antônio fazia de tudo: levava cartas e encomendas para seus clientes no sertão, vendia animais, emprestava dinheiro e comercializava açúcar. Percebeu que o dinheiro estava nos negócios e no comércio, e não na terra, muito menos no latifúndio. É verdade que os seus filhos se tornaram proprietários de grandes fazendas de café no interior de São Paulo, mas, como revela o dinamismo empreendedor do quarto Antônio (tio-avô de Caio Prado Júnior), sua fortuna continuou a crescer graças às suas atividades não agrícolas: foi um dos principias acionistas de companhias de estradas de ferro, criou uma das maiores comercializadoras de café do país, fundou banco e investiu na primeira indústria que fabricava vidro em São Paulo[41].

---

[41] d'Avila, Luiz Felipe. *Dona Veridiana*. A saga de uma dinastia paulista. São Paulo, Editora A Girafa, 2004.

De fato, a fortuna dos Prado pode ser explicada pelo crescimento vibrante do mercado interno no fim do século 18 e início do século 19; "a venda de trigo para o Rio de Janeiro crescia de maneira explosiva: de 7 mil alqueires, em 1780, para 213 mil em 1800". O mesmo crescimento explosivo se nota em outras atividades, como o charque no Rio Grande do Sul; o mercado de tropas de mueiros e cavalos em Sorocaba (15 mil mulas negociadas por ano, além de banha, farinha, selas e arreios); e a produção de açúcar na região de Campinas e Itu (194 mil arrobas, em 1818). Apesar do crescimento do comércio de escravos que saltou de 5 mil escravos para 26 mil entre 1780 e 1814,[42] a população de escravos representava apenas 25,2% dos habitantes do país em 1819. Eles não representavam a maioria da população, como afirmava Caio Prado Júnior.

De fato, esses dados contrastam com a realidade descrita por Caio Prado Júnior de que o Brasil era uma nação eminentemente exportadora de *commodities* (açúcar e café), baseada em grandes latifúndiose dependente da mão de obra escrava. A história mostra algo bem diferente: uma economia interna pujante, majoritariamente de homens livres, constituída por empreendedores, comerciantes e proprietários de terra que produziam bens consumidos no mercado interno, como gado, muares, trigo e escravos. Existiam, sim, grandes propriedades, mas não eram o motor da atividade econômica e tampouco o ponto central das fortunas brasileiras. A capacidade empreendedora de comerciantes, investidores e fazendeiros que foram responsáveis por mobilizar a economia interna, teve um impacto infinitamente maior na criação de grandes fortunas do país do que as atividades agrícolas desempenhadas por alguns latifúndios.

Tanto Oliveira Vianna como Caio Prado Júnior buscaram dar uma explicação "científica" para retratar os problemas do Estado brasileiro ejustificar suas teorias políticas. Ambos enxergaram no liberalismo

---

[42] Caldeira, Jorge. *História do Brasil com empreendedores*. São Paulo, Mameluco, 2009, p. 7-8.

uma perigosa ideia estrangeira que debilitou o funcionamento do Estado, permitindo que o interesse individual (particular) se sobrepusesse ao interesse da nação (público). Ambos viram no federalismo um meio perverso das oligarquias regionais capturarem o Estado para defender seus interesses particulares em detrimento do interesse nacional. A encruzilhada que os divide está nas soluções que deveriam ser adotadas para combater o liberalismo e implementar o Estado forte, centralizador e autoritário. Para Oliveira Vianna, a solução política passava pela mescla de autoritarismo com populismo; para Caio Prado Júnior, ela passava pelo comunismo. Ou seja, a alternativa para o país, tanto à direita como à esquerda do espectro político, residia no antiliberalismo.

O marxismo promete extinguir os interesses perversos que ditam a política liberal, instituindo o despotismo, concentrando o poder nas mãos de um único partido e de uma burocracia estatal revestidos de poder absoluto para eliminar as opiniões dissidentes e as vozes discordantes das políticas públicas do regime. Já o populismo busca fomentar a ideia de que a vontade do povo é soberana e está acima da lei e do poder das instituições políticas. A constituição e o Estado de Direito são manipulados para cumprir o desejo da população. A máquina pública é aparelhada pelos aliados do líder populista para implementar as políticas públicas populares, mesmo que causem a médio prazo a ruína financeira e o caos social no país.

As ideias antiliberais de Caio Prado Júnior e de Oliveira Vianna deixaram marcas profundas na nação que retardaram o progresso econômico, o fortalecimento das instituições democráticas e denegriram o papel da política. Na área econômica, inspiraram o surgimento, na década de 40 do século 20, do nacional-desenvolvimentismo de Celso Furtado e do protecionismo industrial de Roberto Simonsen que sufocou a voz do liberalismo de Eugênio Gudin e ditou a política econômica tanto nos governos militares como civis dos séculos 20 e 21, como bem ilustram as políticas econômicas do governo Dilma (2010-2016). O populismo nasceu com Getúlio Vargas e originou uma geração de presidentes populistas (Jânio Quadros, Fernando

Collor e Lula) e uma safra infindável de governadores, prefeitos e parlamentares populistas que contribuíram imensamente para o enfraquecimento das instituições democráticas, para a preservação do patrimonialismo estatal e para a adoção de medidas erráticas que desencadearam graves crises políticas.

O apogeu da combinação insana do populismo e do nacional-desenvolvimentismo culminou com a promulgação da Constituição de 1988, cujos males continuam a reverberar até o presente. Ela simboliza a aspiração de se criar um Estado paternalista, nacionalista e provedor de benefícios públicos generosos. O nacionalismo econômico, o monopólio do Estado em áreas "estratégicas" e a complexidade regulatória e legal mantiveram a economia fechada para o mundo e drenaram a capacidade de o país competir, produzir e gerar riqueza. A intermediação do Estado como distribuidor de renda e de benefícios públicos para se fazer "justiça social" foi desastroso. Criou-se um Estado perdulário e paquidérmico que sorve recursos do setor produtivo em uma escala monumental para sustentar milhares de rentistas dos cofres públicos. Apesar de todas as benesses sociais asseguradas na Constituição, tornamo-nos o país emergente com a mais alta carga tributária e continuamos a ser um dos países mais desiguais do mundo. Em suma, o contrato social firmado em 1988 quebrou o país e, hoje, nos obriga a rever o papel do Estado, a eficiência das políticas públicas e as aspirações da nação.

A liberdade, a democracia e o Estado de Direito são incompatíveis com as ideias antiliberais propagadas pelo marxismo e pelo populismo. A liberdade só existe dentro das fronteiras do Estado democrático no qual, por meio da política, se garantem as condições essenciais para limitar o poder dos governantes, prosperar a economia de mercado e florescer a liberdade de expressão; atributos essenciais para a existência da pluralidade de ideias, da diversidade de crença e de cultura e da espontaneidade da ação que faz brotar a criatividade, a inovação e o progresso em um país Mas, para fazermos a travessia do país que somos para o Brasil que queremos ser, é preciso seguir os 10 mandamentos descritos nos próximos capítulos.

PARTE III
10 MANDAMENTOS PARA CONSTRUIR O BRASIL DO FUTURO

PRIMEIRO MANDAMENTO

"ADOTARÁS O PARLAMENTARISMO COMO SISTEMA DE GOVERNO"

O Brasil precisa sepultar o regime presidencialista. A história do nosso presidencialismo se resume a uma sucessão de crises políticas, golpes de Estado e governos autoritários, temperada por alguns raros hiatos de normalidade e estabilidade institucional. Em pouco mais de 120 anos, o regime contabiliza 12 estados de sítio, 2 ditaduras, 9 governos autoritários, 6 constituições, 17 atos institucionais, 19 rebeliões militares e 6 presidentes depostos.

O seu mau funcionamento está intrinsicamente ligado aos valores e crenças que moldaram o nosso presidencialismo. Os principais líderes do golpe militar de 15 de novembro de 1889 que derrubou a monarquia e implementou a república no Brasil não estavam interessados em instituir uma democracia liberal, mas uma ditadura[43]. O presidencialismo parecia-lhes o regime ideal para acomodar as aspirações antiliberais da maioria dos republicanos. Eles "não se importavam com o equilíbrio constitucional entre os Poderes Legislativo, Executivo e Judiciário, comos princípios federativos e com os valores democráticos"[44]. Queriam, de

---
[43] D'Avila, Luiz Felipe. *Caráter e Liderança – Nove Estadistas que Construíram a Democracia Brasileira*. Editora Mameluco, São Paulo, 2015.
[44] D'Avila, Luiz Felipe. *Os Virtuosos – Os Estadistas que Fundaram a República Brasileira*. A Girafa Editora, São Paulo, 2006, p. 9.

fato, concentrar o poder nas mãos do presidente da República e impor um regime autoritário. Em suma, o sistema presidencialista não foi escolhido em razão de suas virtudes, mas de seus defeitos.

Havia três correntes dominantes no movimento republicano. Os *positivistas* e os *jacobinos* representavam as duas facções antiliberais e os *constitucionalistas*, a ala liberal. Os positivistas, responsáveis por inserir o mote "Ordem e Progresso" na bandeira brasileira, almejavam transformar o presidente da República em um déspota esclarecido, capaz de impor a ordem e o progresso no país. Os *jacobinos* eram os radicais que insuflavam as ruas e os quartéis, defendiam a ideia de democracia direta: a vontade do povo e o poder absolutista do presidente da República não poderiam ser cerceados por instituições representativas, leis ou Constituição. Os *jacobinos* foram os principais arquitetos do golpe republicano, responsáveis pela expulsão imediata da família real do país e fomentadores das "degolas" – atos violentos para depor governadores não alinhados com o governo federal; ataques e destruição de jornais liberais e perseguição aos membros da oposição ao governo. Os jacobinos se envolveram em revoltas militares, insurreições armadas e tentativas de golpe de Estado que desestabilizaram vários governos ao longo da história republicana. Transformaram-se na principal força de instabilidade política durante o mandato do primeiro presidente civil do Brasil, Prudente de Moraes, em 1894.

Prudente foi uma das principais lideranças políticas dos *constitucionalistas*, a ala Liberal do movimento republicano. Assim como ele, a maioria dos liberais era de bacharéis, formados na Faculdade de Direito de São Paulo. Acreditavam que a república brasileira deveria seguir o modelo constitucional dos Estados Unidos e fincar aqui os três principais pilares do sistema de governo norte-americano. Primeiro, era preciso criar uma Constituição capaz de assegurar os direitos individuais e limitar o poder do governo. Segundo, estabelecer preceitos constitucionais que evitassem a preponderância de um Poder sobre os demais. Seguindo os ensinamentos de Montesquieu, o filósofo francês do século 18, os constituintes norte-americanos fragmentaram o poder político entre o Legislativo, Executivo e Judiciário, criando mecanismos que permitiram a um Poder fiscalizar e atuar como uma espécie de contrapeso, capaz de conter e limitar o raio de ação dos outros dois Poderes. O famoso sistema de *checks and balance* – a competência de um Poder de "fiscalizar e equilibrar" os outros dois – tornou-se um dos pilares da governança do sistema de governo. Assim, o presidente da República pode vetar uma lei aprovada pelo Congresso e o Judiciário pode declarar inconstitucional uma lei formulada pelo Legislativo e ratificada pelo Executivo.

A fragmentação dos Poderes Legislativo, Executivo e Judiciário não era suficiente para evitar a tirania do presidente da República, do Congresso ou dos juízes. Os *Founding Fathers* introduziram um terceiro conceito fundamental: o federalismo. A divisão do poder entre o governo federal e os governos estaduais era vital para assegurar a autonomia dos estados. Essa autonomia era vista como algo muito benéfico; permitiu envolver as pessoas no debate sobre políticas locais, o que ajudou a fortalecer o espírito de cidadania, o senso de dever e de coparticipação dos cidadãos nas questões públicas. Contribuiu para que os estados tivessem poder e autonomia para experimentar e testar políticas públicas inovadoras, de acordo com o contexto e as realidades locais. Por fim, colaborou para a formação de cidadãos e de estados mais independentes do governo federal, criando, assim, mais um mecanismo para contrabalançar o poder do governo federal. James Madison, um dos *Founding Fathers*, fez questão de enfatizar que a República dos Estados Unidos foi concebida para evitar não só a tirania dos governantes, como também a tirania das maiorias. Uma verdadeira democracia tem a virtude de salvaguardar os direitos da minoria que discordam do governo e da vontade da maioria.

Como líder do Senado e presidente da primeira Assembleia Constituinte da República, Prudente de Moraes incorporou esses preceitos liberais na Constituição de 1891, como a divisão constitucional dos três Poderes e o federalismo. A vitória dos liberais na Assembleia

Constituinte transformou Prudente no principal adversário político dos positivistas e dos jacobinos. Os antiliberais acreditavam que a fragmentação do poder levaria o país ao desgoverno, à desordem política e anarquia popular. Na visão dos antiliberais, a existência de um presidente todo-poderoso era vital para garantir a governabilidade, a ordem e o progresso do país. A divisão dos poderes entre o Legislativo, Executivo e o Judiciário fomentaria as disputas partidárias e paralisaria o governo federal, aumentando a instabilidade política e a desordem institucional. Quanto à autonomia política dos estados e participação dos cidadãos nas decisões locais, pareciam-lhes um convite irresponsável à anarquia popular, ao desgoverno local e à incitação de revoltas dos estados contra o governo federal.

Esse embate entre liberais e antiliberais não se extinguiu com a promulgação da Constituição de 1891. Ele determinou a tônica dos debates e das divisões na política brasileira desde o século 19 até os nossos dias. Os antiliberais entendem que a democracia deve ser apenas uma fachada para legitimar o mando pessoal do presidente da República. Assim como os jacobinos, acreditam que o elo direto entre o povo e o presidente se estabelece por meio do voto e da "democracia direta". A criação de leis e as instituições intermediárias entre a vontade do povo e o poder do presidente são meios de se garantir o poder das elites em detrimento da vontade popular. A existência de uma oposição e de minorias que discordam da política do governo não é nada mais do que golpistas que buscam sabotar o governo e impedir que a vontade popular seja realizada. Instituições que se opõem ao governo são também golpistas que querem cassar o poder do presidente da república de governar para o povo. Os liberais são vistos como burgueses empedernidos e eruditos que gostam de ideias estrangeiras à cultura brasileira.

Apesar de minoria no país, os líderes liberais foram os verdadeiros defensores dos princípios democráticos e os guardiões das instituições republicanas. Se hoje o país conta com instituições democráticas sólidas, deve-se muito aos estadistas liberais que nos legaram um regime democrático no qual imperam o estado de Direito, a economia de mercado e a liberdade de expressão. Prudente de Moraes (1841-1902) deu ao país uma constituição liberal e evitou que o país fosse capturado por governos autoritários e sucumbisse aos levantes e às revoltas que se espalharam pelo país. Campos Salles (1841-1913) foi o presidente responsável por sanar as finanças públicas da República. O presidente Rodrigues Alves (1848-1919) assegurou o fortalecimento das instituições. O deputado Ulysses Guimarães (1916-1992) conduziu o país durante a luta pela redemocratização do Brasil. O presidente Fernando Henrique Cardoso (1931) livrou o Brasil da maldição da inflação e resgatou a confiança e a credibilidade das instituições democráticas. Esses estadistas tiveram coragem, determinação e capacidade de mobilizar as pessoas em torno da luta pela defesa da liberdade, das instituições democráticas e da economia de mercado. Mas eles também representam a exceção da nossa história política.

O presidencialismo ajudou a alimentar o arquétipo do presidente demagogo e antiliberal; o encanto nacional por líderes populistas; o gosto do brasileiro pelo paternalismo estatal; o desejo da maioria do povo de ser tratado como crianças mimadas por governos provedoresde empregos estatais e de verbas públicas. Essas crenças e aspirações contribuíram para fomentar as ilusões que mantiveram o Brasil em um estado de subdesenvolvimento político e econômico. Para romper esse ciclo vicioso, precisamos adotar um sistema de governo capaz de introduzir um valor de fundamental importância para a democracia representativa; uma palavra tão importante, mas que carece de tradução precisa para o português: *accountability*.

"Responsabilização" (em tradução livre) é um valor imprescindível para fortalecer o amálgama entre o governante e o cidadão e a governança entre o Estado e a sociedade. No presidencialismo, o sistema de *accountability* é complexo. Requer a divisão equilibrada do poder político entre o Legislativo, o Executivo e o Judiciário; exige a adoção do federalismo e a divisão do poder e de responsabilidades entre estados e o governo federal; demanda a existência de um sistema eleitoral que dificulta a concentração de poder nas mãos de um único partido e, ao mesmo tempo, cria barreiras que impedem a representação de muitos partidos no Congresso Nacional. Com exceção da constituição de 1891, o Brasil ignorou essas medidas nas outras cinco constituições que criou – a de 1934, 1937, 1946, 1967 e 1988. Todas elas deformaram um desses pilares essenciais, o que enfraqueceu os mecanismos de responsabilização, concentrou o poder nas mãos do presidente da República e criou inúmeros desequilíbrios entre os três Poderes, debilitando os mecanismos de cobrança e de fiscalização – os *checks and balance* do sistema político.

Estamos há mais de 120 anos tentando aprimorar o presidencialismo sem muito sucesso. Por isso, é hora de adotarmos um sistema de governo que nos ajude a atingir três objetivos. Primeiro, criar um arcabouço constitucional capaz de reforçar a responsabilização (*accountability*) dos governantes e de removê-los rapidamente do poder quando perderem a legitimidade e a confiança da maioria da população. Segundo, conceber um sistema eleitoral que aumente o poder do eleitor de fiscalizar e cobrar os seus representantes e também que lhe permita avaliar melhor o desempenho dos seus governantes. Terceiro, descentralizar o poder e dar mais autonomia para os estados e municípios.

O melhor sistema de governo para atingir esses três objetivos é o parlamentarismo. A separação dos cargos de chefe de estado e de chefe de governo ajudará a desconcentrar o poder e a dividir duas tarefas importantes. O presidente da República, como chefe de Estado, tratará dos temas atemporais, como política externa e segurança nacional. Já o primeiro-ministro terá como foco as questões prementes de governo, tais como educação, saúde e política econômica. Ao evitar os temas de governo, o presidente da República cultivará uma visão de longo prazo e uma postura suprapartidária, dedicando-se às questões de Estado. O primeiro-ministro, por sua vez, será responsável pela conduta do governo. Sua permanência no poder dependerá da habilidade de conquistar o apoio dos eleitores e o respaldo da maioria do Parlamento. Seu desempenho será avaliado em eleições periódicas pelos eleitores e também pelo parlamento, que tem o poder de removê-lo do cargo a qualquer momento por meio de um voto de desconfiança.

No presidencialismo, a combinação das duas funções de chefe de Estado e chefe de governo nas mãos do presidente da República provou ser um desastre, bem exemplificado pela diplomacia da era Lula-Dilma Rousseff. Ao transformar as questões de Estado em palanque político-partidário, a política externa petista fechou as portas do Brasil para os mercados globais, excluiu o país dos acordos regionais de livre comércio e preferiu – por uma questão ideológica e contrária aos interesses nacionais – se aliar às nações bolivaristas da América do Sul e aos governos autoritários da África e da Ásia. Essas escolhas políticas trouxeram desprestígio internacional, irrelevância global e uma drástica redução da pauta de exportação de produtos brasileiros de maior valor agregado. A importância de zelar pelo papel global do país, de blindar a defesa dos interesses de Estado contra as disputas político-partidárias e de conduzir a atuação do Brasil na arena internacional para enfrentar os problemas globais que estão intrinsecamente ligados às questões nacionais – como o combate ao terrorismo e a coordenação de esforços para combater epidemias globais e crises financeiras – retrata a importância de separar as funções de chefe de Estado e de chefe de governo.

O sistema parlamentarista tem outra vantagem importante. Ele contribui para reforçar o senso de responsabilização do chefe de governo. Se suas políticas forem malsucedidas e despertarem o descontentamento da população, do seu partido e de seus aliados, ele será removido do poder, de maneira rápida e pouco traumática. Trata-se do caso oposto do presidente da república, cuja deposição do cargo exige que a nação atravesse um longo e traumático processo de impedimento (impeachment). Os críticos do parlamentarismo costumam enfatizar que a existência de mecanismos simples de remoção do primeiro-ministro poderia gerar quedas constantes de governo, o que produziria grande instabilidade política no país. Mas a razão da instabilidade política não deve ser atribuída ao sistema de governo, mas ao sistema eleitoral. O voto proporcional estimula a fragmentação do poder e a representação de dezenas de partidos no Legislativo, obrigando o governo a formar coalizões multipartidárias para obter o apoio majoritário do parlamento. Portanto, a melhor maneira de se evitar a instabilidade dos governos é a criação de um sistema eleitoral que seja capaz de limitar o número de partidos representados no parlamento.

A adoção do parlamentarismo nos obrigará a promover a reforma política que nunca saiu do papel. O nosso sistema eleitoral estimulou a proliferação de partidos políticos e colaborou para a constituição de um Congresso caótico, dominado por dezenas de partidos políticos. Ele contribuiu para o aumento do descrédito do Poder Legislativo e para o distanciamento do eleitor dos seus representantes. No sistema eleitoral atual, apenas 36 dos 513 deputados federais se elegem com voto próprio; a maioria necessita das artimanhas do voto da legenda, das coligações partidárias e das celebridades que "puxam" votos e ajudam os "sem votos" a conquistar uma cadeira no Congresso. O atual sistema é tão absurdo e desrespeitoso da vontade popular que na cidade de Rio dos Cedros, em Santa Catarina, uma vereadora conseguiu se "eleger" com zero voto. Sim, zero voto! Seu nome estava na coligação PPS-PMDB e ela tornou-se suplente de uma vereadora quese afastou do cargo, permitindo que a suplente "zero voto" ocupasseuma cadeira na Câmara municipal. É justo um sistema eleitoral que usa o voto do cidadão para eleger um parlamentar que não tem voto para conquistar uma vaga no Legislativo? Não é por outra razão queos brasileiros não se sentem representados. De fato, 70% dos eleitores não se recordam em quem votaram para deputado ou vereador.

O sistema eleitoral no parlamentarismo precisa assegurar a existência de três ingredientes fundamentais. Primeiro, é preciso implementar o voto distrital para fortalecer o elo entre o eleitor e o seu representante. O voto distrital prioriza o fortalecimento das instituições democráticas, atacando o problema central que vem corroendo a credibilidade do poder Legislativo: a falta de responsabilização (*accountability*) dos nossos deputados. O voto distrital acaba com o deputado "genérico" que vaga pelo Estado em busca de votos e que prioriza os interesses corporativistas. No voto distrital, só se elege um parlamentar por distrito. O eleitor saberá quem é o seu representante, o que lhe permitirá cobrar e fiscalizar o seu representante e julgar com mais propriedade o seu desempenho no parlamento. A reeleição do deputado dependerá exclusivamente dos seus feitos; não haverá mais coeficiente eleitoral ou legenda partidária que o livrarão da derrota nas urnas se o seu desempenho político for rejeitado pelo eleitor. Segundo, é fundamental criarmos mecanismos para limitar o número de partidos no parlamento. Se adotarmos o voto majoritário, o número de partidos representados no Legislativo cairá substancialmente; mas se optarmos pelo sistema proporcional, é imperioso a adoção de cláusula de barreira – um teto que limita a representação no parlamento aos partidos que obtiveram um percentual mínimo de votos em todo o país. Terceiro, o regime parlamentarista exige a existência de partidos fortes e capazes de garantir a lealdade de seus membros. A fidelidade partidária é imprescindível no parlamentarismo; caso contrário, os governos tornam-se frágeis e instáveis. Além de colaborar para a constituição de maiorias sólidas no parlamento, a fidelidade partidária ajudará também a criar uma oposição responsável, capaz de cobrar e fiscalizar o governo e propor alternativas ao programa governista.

Essas medidas são fundamentais para resgatarmos a credibilidade das instituições democráticas, buscarmos a reaproximação do eleitor com os seus representantes e introduzirmos o senso de responsabilização como pilar central do sistema eleitoral e da governança pública. O terceiro pilar – o federalismo – é algo tão importante que tem de ser tratado como um novo mandamento, conforme veremos adiante.

SEGUNDO MANDAMENTO

"CRIARÁS O VERDADEIRO FEDERALISMO"

O Brasil precisa instituir o verdadeiro federalismo. A descentralização do poder e a delegação de mais recursos e autonomia para os estados e municípios são medidas imprescindíveis para reaproximar o cidadão do Estado e melhorar a qualidade da gestão pública. A excessiva concentração de poder em Brasília causa vários malefícios à governança pública. Cria estados e municípios dependentes da transferência de recursos do governo federal, o que estimula a proliferação das artérias que fomentam o clientelismo político, as barganhas partidárias e a corrupção que alimentam o processo de intermediação de verbas e favores entre a União e os governos locais. O cancro da corrupção no país está na existência de um Estado centralizador e ineficiente que consome 45% da renda nacional (36% do PIB é extraído por meio de impostos e 8% do PIB é o custo do déficit nominal do governo). Capturar o Estado é o melhor negócio no país. Essa captura é feita por meio da política e da corrupção. Estar próximo do poder, financiar campanhas políticas, influenciar na criação de editais públicos, ter bons contatos no governo para conseguir os aditivos que garantem o real lucro aos investidores são fatores determinantes para a rentabilidade dos negócios com o governo.

A desintermediação de recursos federais ajudará a diminuir a corrupção e a ineficiência, obrigando estados e municípios a viverem com as suas próprias receitas. Como dizia o ex-governador de São Paulo, Franco Montoro, o indivíduo não mora na União; ele vive no município. O primeiro benefício importante que o federalismo trará ao país é a redução do tamanho do governo federal. O excesso de poder concentrado em Brasília criou governos lentos, caros e disfuncionais. A tarefa do governo federal deve se restringir aos assuntos nacionais, tais como defesa e segurança nacional; políticas externa, econômica e monetária; administração dos órgãos reguladores, das leis federais e de atividades que concernem às diretrizes da política nacional. A transferência de mais autonomia, responsabilidade e recursos para os governos estaduais e municipais os obrigará a se concentrarem nos problemas locais e voltar sua atenção para servir o cidadão. O federalismo ajudará a fortalecer os governos municipais e estaduais. Aumentará a responsabilização dos governantes e a capacidade do cidadão de avaliar, julgar e eleger políticos que resolvem os problemas que os afligem. Isso exigirá governantes mais preparados para administrar melhor os recursos públicos, a saber como eleger melhor suas prioridades e a endereçar os problemas pensando mais em resultado de suas ações do que gastar tempo em Brasília, percorrendo gabinetes de parlamentares e de ministros atrás de verbas e de ajuda do governo federal.

Ao descentralizar o poder, os governadores e prefeitos não poderão mais culpar a letargia do governo federal em transferir verbas para custear os programas locais; eles serão responsáveis pela administração das receitas e despesas dos seus governos. O dinheiro dos impostos permanecerá perto do local onde está a maioria dos problemas que afeta o dia a dia do cidadão. Isso permitirá o cidadão fiscalizar e cobrar o emprego dos recursos públicos e demandará mais transparência e controle do governo na hora de empregar o dinheiro dos impostos nos serviços e programas públicos. Se bem geridos, governos terão mais recursos para aplicar de maneira mais eficaz na melhoria da segurança, educação, saúde, transporte e outros serviços públicos. O grande incentivo para os governantes fazerem a coisa certa e administrar com rigor as contas públicas estará nas consequências dramáticas que caberão aos maus governos. Os estados e municípios serão obrigados a explorar a sua vocação econômica, atrair negócios, comércio e serviços na geração de receitas suficientes para financiar as obras e serviços públicos de qualidade, caso contrário, perderão sua autonomia administrativa e política. No caso de insolvência e rombo nas contas públicas, será decretada a sua falência (como ocorre nos Estados Unidos), e o mandato do governante será cassado (como já é previsto na Lei de Responsabilidade Fiscal). Nesse sentido, o federalismo fará um bem incrível ao país. Ajudará a sepultar a proliferação irresponsável da criação de novos municípios.

Noventa por cento das cidades brasileiras vivem da mesada do governo federal, garantida pelo Fundo de Participação dos Municípios. Essas cidades têm vereadores, funcionários públicos, prefeitos e vários secretários, mas não têm sequer um posto de saúde. O prefeito prefere comprar uma ambulância para mandar os doentes para outras cidades a prestar o serviço de saúde no município que administra, o que melhoraria a qualidade de vida desse cidadão. O verdadeiro propósito da criação de municípios não tem nada a ver com a descentralização do poder para se criar governos mais eficientes e preocupados em resolver os problemas locais. A profusão irresponsável de municípios transformou-se em um programa de transferência de renda, cujo efeito prático foi aumentar o número de dependentes da mesada do Estado, que é paga transferindo-se recursos das regiões mais produtivas para municípios incapazes de se sustentar com os seus próprios recursos. Em 2014, os pequenos municípios com menos de 10 mil habitantes, receberam R$ 14 bilhões por meio do Fundo de Participação dos Municípios. Um desperdício de dinheiro público. O federalismo contribuirá para a melhoria da gestão pública. Prefeitos e governadores terão de aprimorar a sua capacidade de fazer diagnóstico e de definir melhor o problema a ser resolvido. Um dos fatores mais preocupantes na administração pública é a incapacidade de se fazer bons diagnósticos e definir com objetividade o problema que precisa ser resolvido. Governos gastam mal os recursos públicos com programas que não funcionam porque fazem um diagnóstico raso e encaminham falsos problemas. A política educacional é um bom exemplo para ilustrar a mescla fatal de diagnóstico raso e falsos problemas. Costuma-se considerar a falta de verba o "problema" central da Educação. Aumentaram-se consideravelmente os recursos para a Educação; o Brasil já gasta 5,6% do PIB e pretendia elevar para 10% após a descoberta das reservas de petróleo do pré-sal. Mas o fato é que o aumento de recursos não melhorou a qualidade do ensino. O Brasil continua a exibir um péssimo desempenho nos indicadores educacionais, como o PISA, que mensura mundialmente o aprendizado de jovens em matemática, leitura e compreensão de texto. Despejar dinheiro na educação sem foco nos reais problemas – como investir na formação do professor, na capacitação do diretor, na melhoria do currículo e na criação de métricas claras para mensurar o aprendizado do aluno – equivale a jogar dinheiro público no ralo do desperdício e da ineficiência.

Não há gestão eficiente se não formos capazes de eleger prioridades, definir um plano de ação, gerenciar metas e processos e criar mecanismos capazes de avaliar o resultado das ações do governo e do impacto das políticas públicas. Portanto, investir tempo na formulação do diagnóstico, no entendimento do contexto e na definição concreta dos reais problemas é o primeiro passo para melhorarmos a qualidade das políticas públicas. A descentralização do poder e dos recursos permitirá que estados e municípios desenhem políticas públicas de acordo com o contexto local e os desafios particulares de cada região. Estados e municípios serão transformados em verdadeiros laboratórios nos quais se poderão elaborar e testar políticas inovadoras. Para isso, governadores e prefeitos terão de escolher um problema, testar a "solução" em um espaço restrito que lhes permita corrigir os erros, mensurar o seu impacto e descartar rapidamente as medidas que não deram bons resultados. Não há inovação sem fracasso. O espírito empreendedor tem deadentrar o mundo público. É assim que cidades como Boston e NovaYork, Barcelona e Londres, Medellín e Curitiba promoveram projetosinovadores em gestão pública, urbanismo e educação.

O federalismo estimulará governos estaduais e municipais a experimentar, testar e inovar. É possível que um estado do sertão brasileiro, onde a escassez de água é um sério problema, adote políticas inovadoras em economia e o reuso da água; um prefeito inovador e preocupado com a Educação poderá testar a utilização de vouchers para ampliar as escolhas de escolas dos pais e alunos da sua cidade e introduzir um pouco de competição para melhorar a qualidade do ensino nas escolas públicas. Um governador empreendedor poderá experimentar a implementação de um modelo de concessão para expandir a rede de esgoto e de água tratada do estado. Uma metrópole poderá criar distritos de inovação para atrair empresas para uma área degradada da cidade e atrair novos negócios.

A eficiência do governo será o fator determinante para garantir o bem-estar da população. Entregar serviços públicos de qualidade, por um preço justo e em um prazo razoável, não é uma tarefa trivial; especialmente em uma época de rápidas transformações demográficas – como o envelhecimento da população e o crescente contingente da população acima de 60 anos de idade. O aumento do número de idosos elevará a demanda por programas de saúde, de aposentadoria e de benefícios que se somarão à pressão por aumento de gastos já existentes com os programas sociais para a parcela mais pobre da sociedade e as crescentes reivindicações de uma classe média emergente por benefícios públicos. Essa demanda por serviços públicos e aumento de gastos públicos pressionará o Estado para aumentar significativamente a eficiência do governo e a eficácia das políticas públicas. Fazer "mais com menos" tornou-se um mote vital para a sobrevivência da democracia e para a consolidação do Estado eficiente. Como bem disse o presidente dos Estados Unidos, Barack Obama, " a questão central não é se o governo é muito grande ou muito pequeno, mas se ele funciona".

Várias iniciativas interessantes surgiram para aumentar a eficiência do Estado e a eficácia dos serviços públicos. O Berggruen Institute, uma entidade do terceiro setor dedicada à melhoria da governança global, introduziu no estado da Califórnia o *"Think Long"*, uma comissão suprapartidária que serve de contraponto às propostas de curto prazo que levam os políticos a pensarem somente nas próximas eleições e que mobilizam os eleitores a votarem em referendos que demandam mais serviços e gastos públicos, mas se recusam a aceitarem aumentos de impostos. Essa atitude irresponsável de políticos e eleitores californianos quase quebrou um dos estados mais ricos dos Estados Unidos. Por isso, a importância do *"Think Long"* em discutir e propor leis para temas complexos e de impacto de longo prazo, tais como medidas que tratam dos gastos social e previdenciário. Na Suécia, o governo criou a "cláusula do pôr do sol" (*sunset clause*), que determina o prazo de validade de dez anos para determinadas leis que se tornam obsoletas com o passar do tempo. Ao final do período, o Parlamento é obrigado a renovar o prazo de dez anos, caso contrário as leis deixam de existir. Na cidade de Nova York, foi criado o Civic Hall, um espaço que reúne pessoas dispostas a discutir e resolver problemas na arena pública. Esses "empreendedores cívicos" debatem propostas e trabalham juntos na busca de soluções inovadoras para os problemas da cidade. A troca de conhecimento e de ideias entre pessoas de diferentes opiniões, habilidades e formação contribui para criar uma poderosa rede de colaboradores focada na resolução de problemas públicos, sem a ajuda do governo ou a interferência do Estado. A prefeitura de Seul, na Coreia do Sul, criou o "Projeto de Compartilhamento da Cidade", cujo objetivo é estimular as pessoas a empreender em atividades que estimulem o compartilhamento de bens, serviços e espaços ociosos. Esses exemplos demonstram que a descentralização do poder contribui para reaproximar o cidadão do governo e estimular o envolvimento das pessoas na busca de soluções objetivas para os problemas locais.

O efeito benéfico da aproximação dos indivíduos e do Estado vai muito além de se encontrar soluções práticas e inovadoras. Trata-se de uma atitude que obriga os governos a mudarem de comportamento e os cidadãos a reverem suas atitudes em relação à política. O governo terá de abandonar a sua postura paternalista e se conscientizar de que não tem mais o monopólio da informação, do conhecimento e das respostas para os problemas que afligem o cidadão. Governantes também terão de mudar de atitude e de cultura. Em vez de recorrer aos atalhos da demagogia e do discurso ideológico-partidário, que apenas desviam a atenção dos reais problemas, eles precisarão voltar a atenção à análise dos dados e fatos para fazer bons diagnósticos, eleger prioridades e desenhar o plano de ação para enfrentar os desafiospolíticos e de gestão, mobilizando as pessoas e instituições dos setores público, privado e do terceiro setor. Será preciso inteligência coletivapara enfrentar os reais problemas. A proliferação das parcerias público-privadas, o crescimento do terceiro setor e das entidades filantrópicas e a revolução tecnológica quebraram a estrutura hierárquica doEstado e contribuíram para o surgimento da cidadania participativa, da atuação em rede e do aumento da colaboração entre governo, iniciativa privada e o terceiro setor.

As pessoas também terão de mudar de atitude em relação ao Estado. Em vez de se comportarem como crianças mimadas que esperam favores do governo, benesses do Estado e soluções milagrosas de líderes populistas, os cidadãos terão um papel protagonista na resolução dos problemas públicos. Eles serão convocados a enfrentá-los e tornar-se-ão corresponsáveis pela busca das soluções. Essa nova atitude desencadeará uma importante mudança de comportamento, exigindo maior grau de conscientização quanto aos principais problemas que colocam em risco as aspirações, os valores e os bens que prezamos. O envolvimento das pessoas na discussão e na busca de soluções para as questões públicas contribui para o senso mais realista do que se pode esperar do governo, evitando as desilusões e as falsas expectativas depositadas nos governantes. Afinal, parte do descrédito dos governos deriva das expectativas infantis e irrealistas que a população nutre em relação ao governo e ao Estado.

A governança moderna requer tanto dos governantes como dos cidadãos a criação de um espírito de colaboração em torno da resolução de problemas complexos e da busca de soluções inovadoras, mas sempre realistas. A cidadania participativa é vital para estimular o cidadão a envolver-se na resolução dos problemas locais. Essa atitude é fundamental para contrabalançar a influência dos interesses corporativistas dos setores público e privado e para mobilizar o governo a voltar a sua atenção para o cidadão. Sua importância é vital para combater os dois males que acometem o país: o Estado paternalista e o populismo.

Governos existem para servir as pessoas e não para se servir da sociedade. Não há antídoto melhor contra o populismo e contra o Estado patrimonialista do que a participação ativa das pessoas na busca de soluções concretas para os reais problemas da sociedade. Esse exercício colabora para a conscientização da população quanto aos limites do governo, para o amadurecimento político do cidadão e para o esvaziamento do apelo do discurso demagógico e sedutor que gera ilusões e debilita o funcionamento das instituições, servindo ao aumento da ineficiência do Estado e à desilusão com a democracia. Por fim, ajuda a fortalecer a percepção do valor ímpar das liberdades individuais e da nossa responsabilidade de frear a tentação do Estado de restringi-la em nome do bem-estar social, da segurança nacional ou de qualquer outro aforismo utilizado por governos para cassar um pedaço da nossa liberdade de escolha e do nosso livre-arbítrio. O espírito de colaboração e o senso de responsabilização são elementos cruciais para tirar as pessoas do seu estado de conforto, da sua indolência cívica e estimulá-las a participar de maneira mais atuante da busca de soluções para os desafios na arena pública. O federalismo reforçará os pilares da responsabilização dos governantes, aproximará o governo dos cidadãos e permitirá que as pessoas sejam mais objetivas na apreciação do desempenho dos seus representantes e na capacidade de avaliar, fiscalizar e participar da gestão pública.

TERCEIRO MANDAMENTO

"CRIARÁS SERVIDORES PÚBLICOS MOVIDOS PELOS PRINCÍPIOS DA MERITOCRACIA E DA POLÍTICA DE RESULTADO"

Os brasileiros sentem diariamente o drama de lidar com um Estado caro e ineficiente. Somos o país das filas: fila para conseguir uma consulta médica e para encontrar um leito em hospitais públicos; fila para tomar trem e ônibus nos grandes centros metropolitanos; fila para ser atendido em uma repartição pública para requisitar um documento e para reclamar de um serviço mal prestado pelo Estado – como falta de luz, de água e de remédio nos postos de saúde. O "Brasil das filas" indica a dissociação entre processo e resultado na gestão pública. Essa dissociação é um dos grandes males da gestão pública. A função do servidor público se resume a cumprir processos; ele não se importa com o resultado de suas ações. Boa parte do desperdício de recursos públicose de tempo deve-se à ineficiência de processos e à absoluta despreocupação do servidor em se empenhar na prestação de um serviço bom ede qualidade para a população. Esse drama afeta não só a vida cotidiana do cidadão, que reclama com razão do baixo padrão do serviço público, como também cria inúmeras dificuldades para os bons governantes que querem resolver os reais problemas da gestão pública.

Um episódio relatado pelo ex-governador de Minas Gerais, Antonio Anastasia, ilustra bem esse drama enfrentado pelos governantes brasileiros. Um dia, o governador Anastasia recebeu a notícia de que o

Corpo de Bombeiros havia interditado a escadaria do *foyer* do Palácio das Artes, prédio icônico de Belo Horizonte, construído na década de 1960 e tombado pelo patrimônio histórico. A alegação é que a escadaria (muito bonita, em curva, quase uma obra de arte) seria perigosa, pois não tinha corrimão, sendo vazada pelos dois lados. A interdição causava grave problema de acesso ao 2º andar do Grande Teatro, inclusive prejudicando o uso das instalações sanitárias. A solução mais simples era, evidentemente, construir o corrimão!

Como o Palácio das Artes é um prédio tombado pelo patrimônio histórico, é vetado promover modificações (como a construção do corrimão) que deturpem o projeto arquitetônico do edifício. Se o governador insistisse na instalação do corrimão, atenderia os requisitos de segurança do Corpo de Bombeiro, mas violaria a lei do patrimônio histórico. O que fazer, então? O governador instituiu uma comissão para resolver o impasse. Durante mais de um ano, servidores da Secretaria de Cultura, do Palácio das Artes, do Corpo de Bombeiros e com o acompanhamento do gabinete do Governador, se debruçaram sobre as possibilidades. Finalmente, chegaram ao consenso, quando concordaram em construir um corrimão de vidro, que não atrapalhava a concepção arquitetônica da escada e garantia a segurança dos usuários.

Se Minas Gerais conseguiu resolver o impasse após um ano de discussão para se chegar à solução óbvia, a cidade de São Paulo não teve a mesma sorte para resolver o problema da degradação do centro histórico da capital. Enquanto a maioria das grandes metrópoles do mundo tem orgulho do seu centro histórico e se esforça para preservá-lo, São Paulo abandonou o seu centro por causa da boa intenção dos seus governantes e burocratas. Prefeitos e vereadores criaram milhares de leis importantes para garantir a segurança contra incêndio, o acesso aos deficientes físicos, a lei de restauro dos prédios, entre outras. A preocupação do governo em especificar tudo em lei criou um impasse: o cumprimento de todos os requisitos exigidos por uma miríade de leis e regulações inviabiliza o restauro de prédios antigos.

Tornou-se impossível transformar um edifício do século 19 em uma construção moderna que atendesse às inúmeras legislações vigentes. Ou seja, o *retrofit* – a preservação da fachada do edifício e a modernização das instalações no seu interior – tornou-se inviável na cidade de São Paulo. Os escritórios e residentes abandonaram o centro velho, levando o eixo da cidade a se mudar para outros bairros. Primeiro, migrou para a avenida Paulista; em seguida desceu para a avenida Faria Lima e, logo após moveu-se novamente para a região da avenida Luís Carlos Berrini. A falta de bom senso dos governantes e burocratas criou um fato inédito. Trata-se da única cidade do mundo, cujo "centro" mudou quatro vezes de localização.

Em tempo: até hoje, os paulistanos são obrigados a conviver com o emaranhado de leis e regulações que dificultam enormemente o restauro de prédios históricos no centro velho. A cidade continua se espalhando, causando perda de tempo e de dinheiro e aumentado a irritação no paulistano que gasta muitas horas por dia no trânsito insuportável de São Paulo, como também contrariando a tendência urbana moderna de maior densidade em áreas com infraestrutura, que minimizam o deslocamento das pessoas e reduzem o investimento público.

Se tais absurdos fossem circunscritos aos temas relacionados ao patrimônio cultural ou ao urbanismo, poderíamos tratá-los como excentricidades dos nossos governantes e burocratas. Mas essa epidemia nacional de especificar tudo em lei e regulação vem inviabilizando a gestão pública, deturpando iniciativas sociais e inviabilizando várias atividades econômicas que são a força propulsora do crescimento do país e a principal fonte de geração de empregos e de investimentos. Essa incontinência para legislar sobre todos os aspectos da vida política, econômica e social do país teve seu primeiro grande surto durante a Assembleia Constituinte de 1988 e, desde então, o apetite voraz para legislar e regular cresceu de forma exponencial, resultando na criação de um emaranhado legal-constitucional-burocrático que trava o país. Trata-se de uma tragédia nacional que destrói a capacidade e a autonomia dos governantes e gestores públicos de testar e experimentar políticas públicas inovadoras; castra o apetite do empreendedor de arriscar e investir em novas ideias, negócios e produtos, dificultando a implementação de iniciativas transformadoras na área social.

Em vez de se investir tempo, dinheiro e criatividade para inovar, criar e empreender, esses recursos são usados para descobrir brechas na legislação, influenciar o governo a criar exceções na lei que beneficiam um determinado setor da economia e exercer pressão política para se criar "reserva de mercado" e crédito subsidiado para segmentos específicos. As nossas legislações tributária, trabalhista, previdenciária retratam com esmero o poder de categorias organizadas de criar benefícios e privilégios que protegem os seus negócios, categorias e interesses, mas prejudicam enormemente o cidadão e drenam a capacidade da nação de produzir, crescer, competir e inovar. Trataremos da dimensão econômica desse problema em outro capítulo, mas voltemos ao ponto principal dos nossos valores e crenças.

A compulsão nacional por excesso de legislação, regulação e fiscalização não é apenas um vício circunscrito aos políticos e gestores públicos. Ela reflete, em parte, a pressão da sociedade que acredita no poder de leis rigorosas e severas para cercear a corrupção e a imoralidade na política. Cada vez que o país se depara com um escândalo na área pública, a reação impulsiva da sociedade é demandar mais rigor na legislação para tolher a autonomia dos gestores públicos. De fato, foram justamente os inúmeros escândalos de corrupção, o superfaturamento de venda de serviços e produtos para governos e a engenhosidade se criar processos de contratação para beneficiar empresas que se prontificavam a elaborar esquemas escusos de pagamento de propinas que levaram o governo a moralizar as licitações públicas por meio da criação da Lei 8.666.

Promulgada em 1993, a Lei 8.666 regulamenta as licitações públicas para os governos municipal, estadual e federal, obrigando-os a licitar todos os processos de contratação de serviços e de compra de produtos – não importa se o governo tem de comprar lápis ou contratar uma empresa para construir uma rodovia ou um porto. Novamente, o intuito do legislador era nobre: criar critérios rígidos de contratação para combater a corrupção e garantir a compra dos serviços e produtos pelo menor preço. Mas, após mais de 20 anos da sua promulgação, não é preciso o parecer de um especialista em contas públicas para constatar que a Lei 8.666 não reduziu os escândalos de corrupção, nem garantiu a compra de produtos pelo menor preço. Os escândalos revelados pela operação *Lava Jato* revelam o sofisticado esquema de empresas que continuam a vencer contratos públicos, superfaturando preços (por meio de aditivos nos contratos) e alimentando um bilionário esquema de corrupção de políticos e de financiamento ilegal de campanha. Se a lei não ajudou a diminuir a corrupção e não colaborou para que governos contratassem serviços e produtos pelo melhor preço, há de se perguntar para que serve a Lei de Licitação. Ela deveria ser modificada ou revogada, pois não cumpriu os seus objetivos.

Antes de o leitor emitir um julgamento apressado e afirmar que a corrupção seria muito maior se não existisse uma lei disciplinando as licitações públicas, é bom lembrar que, com ou sem a Lei 8.666, a corrupção e as falcatruas continuam a proliferar no país como epidemias. O excesso de leis e regulações não combateu os males da corrupção, não colaborou para melhorar a qualidade da gestão e dos serviços públicos e ainda criou inúmeros efeitos colaterais, agravando a ineficiência da gestão pública: aumentou a burocratização e a demora para contratar serviços e comprar produtos e impediu a contratação de empresas que oferecem a melhor solução técnica; isto é, contratar empresas capazes de entregar o produto e o serviço no prazo e no padrão de qualidade esperado.

A Lei de Licitação é apenas um elemento neste oceano do nosso monstruoso arcabouço legal e regulatório que vem cerceando a autonomia dos gestores e governantes, inviabilizando a criação e a experimentação de políticas públicas e praticamente colocando a maioria das iniciativas públicas inovadoras no âmbito da irregularidade ou da ilegalidade. A consequência dessa camisa-de-força legal e regulatória é desastrosa para o bom gestor público. Cada decreto assinado por um governante, secretário ou servidor é passível de se transformar em uma ação criminal no futuro. A criminalização da atividade pública espanta gente talentosa e honesta da arena política. É absolutamente comum gestores públicos nas democracias avançadas responderem processos administrativos e civis por malfeitos, mas no Brasil governante e o servidor, além de responder por ações cíveis e administrativas, respondem criminalmente por seus atos. Um governador teve de responder criminalmente porque um paciente não recebeu a tempo um medicamento que foi autorizado por meio de sentença judicial. Um presidente do Banco Central teve de responder a uma ação criminal movida por um ex-governador por causa da decisão de privatizar um banco estatal. Um funcionário público é obrigado a custear do próprio bolso a defesa de uma ação criminal movida por uma empresa que se sentiu lesada pela aprovação de uma licença ambiental que havia sido aprovada de acordo com as diretrizes dos órgãos ambientais.

A melhoria da gestão pública requer a adoção de mudanças anti-intuitivas às crenças populares. O Brasil terá de adotar quatro medidas essenciais para melhorar a qualidade do serviço público. Essas medidas demandarão coragem política dos governantes, determinação dos gestores públicos e pressão da sociedade. Elas desafiarão tabus, crenças e preconceitos vigentes, mas, sem elas, não há como criar uma burocracia preparada para gerenciar um Estado eficiente.

Primeira medida: em vez de cercear a atuação do gestor público, é preciso dar-lhe mais autonomia e, em contrapartida, cobrar-lhe o resultado. Ele tem de gozar de mais autonomia e ser cobrado e responsabilizado pelo resultado de suas escolhas e ações. O Banco Central oferece um bom exemplo de delegação de autonomia. Responsável pela gestão da política monetária, a instituição está blindada de indicações políticas, com exceção da escolha do seu presidente. Sua diretoria, assim como o restante dos seus membros, é constituída por técnicos. Uma de suas principais atribuições consiste em combater a inflação. O principal instrumento para controlar a inflação é por meio de decisões técnicas que determinam as taxas de juros. As opiniões, votos e decisões dos seus diretores são registradas em atas oficiais e notas explicativas que são amplamente divulgadas para o mercado. A autonomia do Banco Central para tomar decisões sobre a taxa de juros vem colaborando para tornar a política monetária mais previsível, confiável e menos suscetível às pressões político-partidárias.

A crise energética de 2002 oferece outro bom exemplo. O Brasil teve uma das mais longas e severas estiagem naquele ano, afetando dramaticamente o fornecimento de energia em um país onde 80% da geração de eletricidade depende de usinas hidrelétricas. O risco de o país sucumbir ao apagão tornou-se iminente. O presidente da República, Fernando Henrique Cardoso, resolveu enfrentar a crise, reconhecendo publicamente o grave problema e criando a Câmara de Gestão de Crise Energética. O ministro Pedro Parente foi escolhido para comandá-la, mas só aceitou o cargo após o presidente lhe assegurar que teria plena autonomia para agir. Ministro experiente, Parente sabia que seria impossível adotar medidas urgentes e agir com a presteza necessária, se tivesse de ceder às indicações políticas para a Câmara de Gestão e ser obrigado a negociar as resoluções da Câmara de Gestão com o Congresso e com os ministérios.

O presidente Fernando Henrique outorgou plena autonomia ao órgão. Além de poder selecionar um time de técnicos competentes para administrar a crise, o ministro Parente assegurou que as decisões da Câmara de Gestão fossem imediatamente implantadas; elas não passavam sequer pela aprovação do presidente da República. Graças à competência dos técnicos, a agilidade do ministro, a autonomia da Câmara de Gestão e a sua capacidade de comunicar e mobilizar a sociedade em tornos das medidas prementes, a crise foi contornada de maneira exemplar, evitando a adoção de medidas drásticas, como o corte de fornecimento de eletricidade das grandes cidades brasileiras. A concessão de mais autonomia para os gestores públicos e a introdução de mecanismos para mensurar e cobrar resultado efetivo das políticas públicas nos obrigarão a tomar uma segunda medida importante: enfrentar o tabu da estabilidade do funcionalismo público. Se não criarmos indicadores de avaliação e de desempenho, torna-se muito difícil julgar com propriedade o impacto das políticas públicas. A adoção de índices para avaliar o ensino no Brasil, por exemplo, vem produzindo bons resultados. A criação dos indicadores nacionais e estaduais de desempenho da Educação (como o IDEB, ENEM e SARESP) e a existência de indicadores internacionais – como o PISA, que mensura a proficiência do aluno do ensino médio em leitura, matemática e ciências de vários países do mundo –, são vitais para identificar os problemas do ensino público. Esses indicadores nos permitem comparar a qualidade da Educação e o desempenho do aprendizado dos alunos entre estados e municípios e também com outros países. A comparação nos ajuda a atacar os reais problemas, propor mudanças concretas, implementar soluções inovadoras e conscientizar os governantes, gestores públicos e a população dos desafios que temos de enfrentar para melhorar o ensino no país.

A avaliação de desempenho do funcionalismo público reforça a já mencionada segunda medida, a imprescindível extinção da estabilidade do servidor. Aqui é necessário fazer uma distinção entre as carreiras de Estado e de governo. Não é recomendável eliminar a estabilidade das carreiras de Estado – como juízes e militares – que precisam da garantia da estabilidade para exercer suas funções com isenção e sem temer retaliações políticas e partidárias. Um juiz como Sergio Moro, por exemplo, não seria capaz de perseguir com afinco as investigações dos escândalos de corrupção que culminaram na *Operação Lava Jato* se não contasse com a isenção para conduzir o seu trabalho e garantia da estabilidade da sua função. Mas essas carreiras de Estado devem ser restritas a pouquíssimas funções, definidas por lei. Para o restante dos cargos públicos, em que consistem todas as funções de governo, valeria a regra de substituir o critério da estabilidade pelo da mensuração de resultado e avaliação de desempenho.

A estabilidade se tornou um mecanismo perverso que dificulta a punição dos maus funcionários públicos. Como é possível garantir a estabilidade de um diretor de escola pública em São Paulo, cujo estabelecimento vem registrando péssimos resultados no IDEB e no SARESP durante vários anos seguidos? A incompetência do diretor compromete o aprendizado de centenas de alunos, afetando o futuro dessas crianças e jovens. Metas geram incômodo e desconforto, especialmente entre servidores incompetentes. Por isso, os princípios da meritocracia e da mensuração de resultados são tão criticados pelo corporativismo estatal. A estabilidade precisa acabar para que o Estado possa demitir os maus servidores que vivem às custas do dinheiro público, mas que, por serem incompetentes, prestam um péssimo serviço e dificultam a vida dos governantes e dos bons servidores que estão comprometidos com a implementação de políticas públicas voltadas para melhorar a vida do cidadão. O fim da estabilidade também permitirá aos governantes promover cortes e despensas de servidores em tempo de crise.

A terceira medida consiste em enfrentar outro princípio intocável do funcionalismo público: a isonomia. Ela é a âncora que colabora para perpetuar a mediocridade do serviço público. Se não criarmos critérios de diferenciação e de reconhecimento que nos permitam discernir entre o desempenho dos bons e dos maus servidores públicos, será muito difícil implantar um sistema meritocrático na gestão pública. A isonomia impede a introdução de mecanismos de reconhecimento, de valorização e de premiação dos gestores que fazem a diferença e que contribuem para a melhoria e a eficácia dos serviços públicos. Os maus servidores recorrem à isonomia para blindarem o seu desempenho medíocre e sobreviverem incólumes às mudanças de governo até o dia da tão sonhada aposentadoria. Em contrapartida, os bons servidores – verdadeiros heróis que mantêm a máquina pública funcionando –, adorariam ter mais autonomia para que o resultado de seu trabalho fosse devidamente reconhecido pelos governantes e pela população. O fim da isonomia permitirá valorizar os bons gestores públicos e resgatar a autoestima, a credibilidade e a confiança da sociedade nesses indivíduos que exercem um papel fundamental no Estado.

Se a valorização, a diferenciação e o reconhecimento constituem um pilar importante do sistema meritocrático, o outro é formação e a capacitação do servidor público. Essa é a quarta medida imprescindível a ser adotada. A existência de uma burocracia profissional, bem qualificada e bem formada é vital para edificarmos um Estado eficiente. Não é por outra razão que as principais democracias do mundo possuem instituições de grande prestígio e de excelência que são responsáveis pela formação e capacitação da elite do funcionalismo público. Servidores oriundos dessas instituições ocupam os cargos proeminentes no governo, na diplomacia e nas Forças Armadas, garantindo a previsibilidade, a continuidade e a qualidade dos serviços públicos essenciais, a despeito das mudanças de governo e de partidos no comando do país.

No Brasil, existem algumas ilhas de excelência: a Escola de Formação de Oficiais das Forças Armadas capacita a elite do Exército, Marinha e Aeronáutica; o Instituto Rio Branco forma os diplomatas brasileiros; a Escola de Administração Fazendária prepara o corpo técnico do Ministério da Fazenda. O Banco Central e o Banco do Brasil também treinam e capacitam seus quadros e oferecem formação de excelente qualidade. Todas essas instituições contam com um rigoroso processo de seleção e de formação de seus quadros. Além disso, oferecem planos de carreira baseados em critérios claros de avaliação e de desempenho, o que colabora para atrair gente talentosa para a administração pública. Se continuarmos a ignorar essas quatro medidas e a insistir em preencher as posições de comando do Estado por pessoas despreparadas e incompetentes, cuja principal virtude é ser um leal e fiel vassalo de algum padrinho político, o Brasil jamais terá uma burocracia competente e um Estado eficiente.

Não é por outra razão que os países se esforçam para criar uma burocracia profissional, competente e focada em resultado.

Democracias liberais e regimes híbridos que misturam capitalismo com autoritarismo sabem que o apoio dos seus cidadãos ao governo eao regime dependerá fundamentalmente da capacidade de o Estado entregar serviço público de boa qualidade. A burocracia é a coluna vertebral da organização do Estado; ela é o agente que garante a implementação das decisões de governo e a criação de processos eficazes que asseguram a eficiência e a efetividade das políticas públicas. Sem uma burocracia bem formada, capacitada e preparada não se edifica um Estado eficiente. Em Cingapura, Lee Kuan Yew criou uma escola de governo para treinar a elite do funcionalismo público. Na china, Hu Jintao, presidente da China, lançou a Academia de Liderança para formar, treinar e preparar com conhecimento prático de gestão, uma geração de burocratas capazes de implementar as políticas públicas com diligência, presteza e competência. China e Cingapura inspiraram-se na Harvard Kennedy School – a escola de governo da Universidade de Harvard que forma a elite dos gestores públicos. Na França, a prestigiosa Escola de Administração Nacional, ENA, forma a elite da gestão pública e da política. Na Inglaterra, as universidades de Oxford e Cambridge continuam a formar a elite política do país e servidores públicos notáveis. Em 2010, Oxford criou uma escola específica para formar gestores públicos, a *Blavatnik School of Government*. Essas instituições atraem profissionais talentosos para os quadros públicos e formam pessoas que fazem a diferença na gestão pública.

A credibilidade do regime político, a confiança nas instituições e a legitimidade do governo dependem da existência de um Estado eficiente. Quando a ineficiência se torna uma característica predominante do Estado, abre-se um perigoso fosso entre a sociedade e o governo, o que colabora para minar a credibilidade das instituições democráticas e aumentar a frustração, a impaciência e a percepção de que o cidadão é explorado pelo governo. A existência de uma burocracia competente, qualificada e preparada é um pilar essencial do bom funcionamento da democracia.

QUARTO MANDAMENTO

"TRANSFORMARÁS O ESTADO ASSISTENCIAL EM UM ESTADO PRESTADOR DE SERVIÇO"

O Estado assistencial está falido. Ele tornou-se gigante, ineficiente e disfuncional. Os gastos do governo crescem mais do que a receita e a dívida pública já atingiu níveis alarmantes, ultrapassando a marca de 100% do PIB nos países desenvolvidos. Além da má gestão, há no Brasil um problema estrutural. É impossível manter o custo de programas sociais, de benefícios generosos para a classe média e de pensões nababescas para o funcionalismo público em um país cuja população envelhece rapidamente e as pessoas vivem muito mais tempo do que os seus pais e avós. A conta não fecha. Não há aumento de imposto ou ganho de eficiência na gestão pública capazes de equilibrar as contas públicas em um país cujo orçamento já está comprometido com o financiamento obrigatório de serviços públicos e de aposentadorias generosas para os servidores públicos que levarão o país à insolvência. É fundamental termos coragem política e espírito cívico para enfrentarmos o real problema: a necessidade imperiosa de transformar o Estado assistencial em um Estado eficiente e prestador de serviço.

O Estado assistencial teve um papel importante no século 20. Ele possibilitou a criação de programas e de benefícios que garantiram as condições básicas para que as pessoas menos favorecidas vivessem dignamente. O estabelecimento de uma rede de proteção social que assegurou o acesso à saúde, moradia, aposentadoria e educação pública foi determinante para melhorar a qualidade de vida, impulsionar a mobilidade social e salvaguardar a igualdade de oportunidade para a maioria das pessoas. O destino do indivíduo deixou de ser predominantemente determinado pela classe social na qual nascera e passou a ser consequência da sua capacidade de estudar, aprender, trabalhar, empreender, competir e de ascender econômica e socialmente. O triunfo do *self-made man* tornou-se o símbolo máximo de países onde imperam a democracia, a liberdade e o Estado assistencial.

Esse modelo de Estado funcionou na segunda metade do século 20 porque, após a Segunda Guerra Mundial, houve no mundo ocidental uma combinação fortuita de rápido crescimento econômico e da existência de uma população majoritariamente jovem e economicamente ativa. Mas, no século 21, o contexto é outro. Com exceção de alguns países emergentes na Ásia, vivemos em uma época marcada por taxas de baixo crescimento econômico, queda acentuada da população jovem e do aumento considerável da população idosa, cuja expectativa de vida já está em torno de 80 anos de idade. A mudança econômica e demográfica, associada à pressão política dos eleitores para que os governos ampliem benefícios generosos, serviços públicos subsidiados e programas gratuitos, foi responsável pelo crescimento dos gastos governamentais de 27,9% do PIB em 1960 para 42,7% do PIB na primeira década do século 21. Esse aumento extraordinário do gasto público em proporção ao PIB revela duas anomalias, uma política e outra social.

No campo político, o Estado assistencial criou um incentivo eleitoral perverso. Políticos fiscalmente irresponsáveis costumam vencer as eleições, prometendo aumentar o gasto público, mesmo que as promessas para ampliar programas e benefícios governamentais gerem dívidas impagáveis para as próximas gerações. Na lógica da demagogia, o que importa é vencer a eleição, garantir os ganhos de curto prazo e ignorar os efeitos perversos de benefícios generosos e de programas subsidiados que arruínam as contas públicas, geram aumentos exorbitantes da carga tributária e deixam um alto passivo para a sociedade – principalmente para os mais jovens e os mais pobres. Os jovens pagam com altas taxas de desemprego e os pobres pagam mais caro por alimento e serviços que financiam as políticas protecionistas que agrada a classe média. A receita da demagogia política e eleitoral consiste em enaltecer os benefícios dos programas governamentais e ignorar os reais custos para a sociedade. Poucos estadistas têm coragem de mostrar claramente os custos e benefícios das bondades garantidas pelo Estado.

Além de políticos fiscalmente irresponsáveis, o Estado assistencial gerou um grave problema social. Ele fomentou a criação de uma gigantesca casta de cidadãos viciados em governo. Empresários que dependem de medidas protecionistas do Estado para produzir bens e serviços; aposentados, desempregados e pensionistas que não conseguem viver sem a ajuda dos cofres públicos e se acomodam com os benefícios concedidos pelo Estado; sindicatos, ONGs e universidades não sobrevivem por seus próprios meios e precisam da mesada do governo para se sustentar. O assistencialismo estatal criou um ciclo vicioso no qual cidadãos viciados em benefícios públicos elegem governos que aumentam o gasto público de forma irresponsável e transferem cada vez mais recursos do setor produtivo – via impostos e taxas – para o setor improdutivo, controlado pelo governo.

Esse ciclo só será rompido se formos capazes de compreender que o papel do Estado no século 21 consiste em se tornar um eficiente prestador de serviço. Será preciso liderança política para conduzir essa travessia da dependência do assistencialismo para o Estado prestador de serviço. Desintoxicar corações e mentes acostumados com as benesses do Estado não é uma tarefa simples. Haverá um alto custo político, perda de popularidade momentânea e uma gigantesca contraofensiva dos viciados em benefícios públicos que resistirão às mudanças. O desafio de comunicação dos governantes testará sua capacidade de explicar como um Estado falido e disfuncional destrói a capacidade do país de gerar riqueza, criar empregos, produzir inovação e pavimentar um futuro melhor para os nossos filhos e netos. Somente gerando desconforto nas pessoas e engajando-as na discussãodos reais problemas e na construção de alternativas factíveis, o país conseguirá encontrar uma saída política e economicamente viável para reformar o papel do Estado.

Suécia e Dinamarca, por exemplo, realizaram mudanças profundas e exitosas. Cientes de que era impossível manter os benefícios sociais generosos e a solvência do Estado em uma época de baixo crescimento econômico e de rápido crescimento da população idosa e longeva, esses países introduziram uma série de reformas graduais que transformou o papel do Estado. Para migrar do assistencialismo estatal ao modelo do Estado prestador de serviço, Suécia e Dinamarca utilizaram dois instrumentos importantes. Primeiro, deixaram o mercado competir com serviços públicos prestados pelo Estado; segundo, aumentaram a conscientização das pessoas sobre o custo e a qualidade dos serviços públicos, permitindo que elas fizessem suas próprias escolhas. Como foi possível cortar benefícios, diminuir os impostos e aumentar a eficiência do gasto sem uma convulsão nacional? Testando políticas públicas inovadoras, aprimorando as experiências exitosas e sepultando rapidamente aquelas que não deram certo e, por fim, deixando as pessoas, o mercado e o Estado – exercendo o seu papel fiscalizador e regulador – a se adaptarem gradualmente ao novo modelo de governança.

Alguns exemplos são ilustrativos da função do Estado prestador de serviço. A criação do voucher educacional obrigou as escolas públicase privadas da Suécia a competir e a disputar a preferência dos pais para oferecer a melhor educação para os seus filhos. A competição eliminou as escolas ruins tanto no setor público como no privado, sobrando apenas as boas escolas em ambas as redes. Além disso, o Estado investiu na formação de professores e em métricas para mensurar o desempenho de alunos e de professores. Na Suécia, Dinamarca e Finlândia, professores têm meta, são avaliados por seus pares e passam por um longo período de aprendizado antes de assumir o comando de uma classe. As avaliações e indicadores ajudam não só as escolas a identificar os seus pontos fortes e fracos, como também servem de instrumento para os pais avaliarem as escolas de seus filhos.

Na saúde, os hospitais públicos melhoraram o atendimento porque empresas privadas passaram a receber verbas do governo para administrar hospitais públicos e competir com hospitais administrados pelo Estado. As instituições mal avaliadas e incapazes de atender bem aos pacientes perderam as verbas públicas e foram obrigadas a encerrar suas atividades. A competição melhorou a qualidade do serviço público. O mercado e a competição são mais eficientes para estimular a melhoria do serviço público do que a mão forte do Estado ou a intervenção do governo.

A Suécia teve coragem de testar políticas públicas inovadoras e enfrentar tabus, como é o caso da reforma do sistema previdenciário. O governo substituiu o modelo de benefício garantido para o modelo de contribuição em 1998, o que ajudou a reduzir dramaticamente o custo dos benefícios com as pensões públicas. A Dinamarca, por sua vez, adotou a flexibilização das leis trabalhistas, permitindo as empresas a reduzirem significativamente os custos trabalhistas com as demissões. Em contrapartida, o Estado passou a oferecer programas de treinamento e de ajuda aos desempregados que os capacitassem a conquistar novos empregos e os estimulassem a buscar novas oportunidades, sob pena de ver os benefícios públicos minguarem.

Essas reformas permitiram a redução expressiva dos gastos públicos e estimularam a melhoria considerável da qualidade do serviço público. O Estado sueco gastava 67% do PIB em 1993; hoje, gasta menos 49%. O efeito benéfico dessa mudança vai muito além da melhoria dos serviços prestados pelo Estado e do saneamento das contas públicas. Ele colaborou para o fortalecimento do setor privado. A eliminação de um Estado caro e ineficiente, que extorque o setor privado com impostos elevados e serviços públicos ineficientes, desencoraja o investimento privado e drena a capacidade produtiva das empresas. Mas, com o aumento da eficiência do Estado, as empresas privadas tornarem-se mais competitivas globalmente. Seus produtos e serviços tornaram-se mais competitivos, estimulando o aumento das exportações e da inserção das empresas suecas nas cadeias globais de produção.

Países que se preocupam com a competitividade global de suas empresas e serviços tendem a dar mais atenção à eficiência do Estado e à eficácia das políticas públicas. Cingapura, por exemplo, sempre se esforçou para manter um governo enxuto e pouco custoso para a sociedade. O Estado oferece serviços públicos de qualidade, mas não concede benefícios generosos à população. Lee Kuan Yew, o principal líder político do país, dizia que se o governo deseja ajudar as pessoas, é melhor dar-lhes dinheiro do que serviços públicos gratuitos e benefícios públicos generosos. Dinheiro encoraja o cidadão a fazer suas próprias escolhas de maneira criteriosa; já os benefícios gratuitoscriam indivíduos dependentes do Estado.

Em Cingapura, o sistema previdenciário é regido por um Fundo de Previdência, constituído por contribuições mandatórias de empresas e de trabalhadores (um quinto do salário). Os recursos do Fundo garantem a aposentadoria dos idosos e também o capital para as pessoas financiarem a compra de imóveis ou pagar a educação universitária de seus filhos. Essa postura do governo de um provedor de serviço público de qualidade e de evitar a criação de benefícios generosos permitiu ao país edificar um dos melhores sistemas educacionais e de saúde pública do mundo. O Estado atingiu esses objetivos gastando apenas 19% do PIB.

Os exemplos de Cingapura e dos países nórdicos demonstram que é possível criar um Estado eficiente e capaz de fornecer serviço público de qualidade. Cada um deles encontrou a melhor maneira de introduzir reformas graduais, políticas públicas inovadoras e métricas para avaliar o resultado, a eficiência e a qualidade do serviço prestado à população. Mas a questão central que pautou as reformas foi o reconhecimento da raiz do problema: o assistencialismo estatal quebraria o país e comprometeria o futuro das próximas gerações. A necessidade imperiosa de enfrentar essa questão, engajando as pessoas e o governo em um esforço comum para buscar novas soluções, desencadeou um processo de inovação de políticas públicas que levou as pessoas a rever as suas expectativas em relação ao papel do Estado. Os governantes tiveram a sensibilidade de implementar mudanças graduais que permitiram que as pessoas se adaptassem à nova realidade. A preservação da rede de proteção social requer abrir mão de alguns benefícios e privilégios para que o país seja capaz de conciliaros serviços públicos de qualidade com o dinamismo econômico imposto pela globalização e a manutenção de uma ordem política estável, confiável e capaz de assegurar as liberdades individuais.

No Brasil, é fundamental criarmos iniciativas para estimular os governantes e as pessoas a compartilhar experiências, histórias e narrativas que nos ajudem a enfrentar os reais problemas e a encontrar soluções inovadoras. A boa notícia é que já existe uma sabedoria coletiva – um repositório de iniciativas de sucesso e de aprendizados que devem balizar as experiências inovadoras. De um lado, a ineficiência do Estado vem arruinando as finanças públicas, esgarçando a credibilidade das instituições democráticas e deixando no seu encalço um país pior e uma herança maldita para os nossos filhos e netos. Do outro lado, desejamos melhorar os programas sociais pelos quais possamos pavimentar o caminho da igualdade de oportunidade e a redução das desigualdades sociais. Esses dois sentimentos não são excludentes. O exercício da liderança colaborativa exige a conscientização de que o problema afeta todos nós e que o espírito de cocriação de soluções compartilhadas é um esforço comum da sociedade – de cidadãos e governantes.

Esse esforço deve começar investigando as políticas públicas inovadoras que já implementamos com êxito no país. O Bolsa Família é um programa de transferência de renda para a população de baixa renda que teve baixo custo (0,6% do PIB) e alto impacto na melhoria da vida de milhares de pessoas. A criação das Organizações Sociais (OS), entidades privadas sem fins lucrativos, colaborou para a melhoria da gestão de hospitais públicos e de museus. A privatização das telecomunicações permitiu que o telefone deixasse de ser um produto de luxo da elite e se transformasse em um bem de massa e acessível aos brasileiros. Certamente, essas iniciativas poderiam ser aprimoradas por meio da criação de mecanismos que aumentassem a transparência dos processos e a qualidade da avaliação de desempenho dos programas. Mas o fato é que, em geral, elas ajudaram a melhorar a vida das pessoas e não sobrecarregaram as finanças públicas do Estado.

O modelo do Bolsa Família, que transfere recursos diretamente ao beneficiário, poderia ser adaptado para financiar programas em educação e saúde pública. Quando somos obrigados a pagar pelos serviços que utilizamos, o nosso comportamento displicente em relação ao custo e qualidade dos serviços públicos "gratuitos" muda radicalmente. Ao exigir o pagamento pelos serviços prestados, o cidadão passa a agir como consumidor. Ele procura se informar, avaliar e comparar produtos e serviços antes de adquiri-los. A criação de verbas carimbadas para se pagar mensalidades escolares ou consultas médicas incentivará o cidadão a se tornar mais criterioso nas suas escolhas. O governo, por sua vez, conseguirá cortar gastos e combater o desperdício de recursos públicos, eliminando serviços ineficientes e entidades incapazes de competir pela preferência do cidadão. Mas a introdução de *vouchers* só faz sentido se as regras de mercado e da competição saudável prevalecerem sobre as escolhas políticas e partidárias.

O governo precisa criar regras claras que estimulem a competição de mercado para que empresas privadas, organizações sociais e entidades públicas possam disputar os recursos dos *vouchers*. Essas instituições serão responsáveis pela administração de escolas e hospitais públicos e disputarão a preferência do consumidor-cidadão. O governo, por sua vez, tem de zelar não só pela competição justa de mercado, como também fornecer, de maneira aberta e transparente, dados e informações que possibilitem o cidadão a avaliar criteriosamente as suas opções. No caso do ensino, os pais poderiam fazer uma escolhamelhor da escola para os seus filhos se o governo divulgasse com clareza informações úteis, como a avaliação da qualidade do ensino na escola – o Índice da Educação Básica (Ideb) – e os dados sobre o desempenho médio dos estudantes em testes como o Exame Nacional do Ensino Médio (Enem). Os dados e informações incentivarão outros comportamentos saudáveis; os pais terão mais interesse em se envolver com a escola, participando com frequência de reuniões com professores e diretor e se informar melhor sobre o desempenho escolar dos filhos.

A mesma lógica da educação poderia ser aplicada à saúde. O governo estadual ou municipal poderia estimar quanto gasta com consultas e criaria um *voucher* a ser utilizado em hospitais públicos, organizações sociais ou instituições privadas, como o Dr. Consulta, uma rede popular de exames e atendimento que já conta com milhares de usuários que prefere pagar um preço módico por uma consulta do que esperar meses para ser atendido em um hospital público. Ao criar os *vouchers* da saúde, o governo deveria determinar métricas transparentes, como tempo para marcar a consulta, avaliação da qualidade do atendimento do médico e do tratamento e mensurar o grau de satisfação do usuário com o serviço prestado pelo estabelecimento. A transparência dos dados e das informações ajudará a municiar o cidadão com informações valiosas para fazer suas escolhas e permitirá que os governos utilizem critérios objetivos para avaliar o desempenho de seus programas.

Políticas públicas inovadoras precisam ser testadas em ambiente restrito. Por isso, é fundamental criar projetos-piloto para que se possa acompanhar de perto os efeitos do experimento, implementar comceleridade ações corretivas e mensurar o resultado da política pública, eliminando prontamente as experiências que não deram certo e escalando as iniciativas exitosas. A introdução de políticas públicas inovadoras não é apenas uma questão técnica de planejamento, de processo e de método. Há um importante componente de mudança cultural e de comportamento que demanda revisão de crenças e de atitudes das pessoas, comprometimento das lideranças públicas e engajamento do cidadão para assegurar a institucionalização das políticas públicas exitosas.

A mudança do Estado assistencial para o Estado prestador de serviço é vital para a preservação das liberdades individuais, da democracia e da economia de mercado. Os países que se recusarem a enfrentaresse desafio serão tragados por duas forças desestabilizadoras. A primeira é o crescimento do déficit exponencial do Estado. Nas democracias avançadas da Europa, no Japão, Canadá e nos Estados Unidos,a dívida pública já ultrapassou 120% do PIB. A parcela da populaçãoagraciada com benefícios e pensões públicas já é maior do que a população economicamente ativa. O Estado corporativista que sustenta os rentistas do governo está sufocando o futuro dos jovens e sua capacidade de empreender, trabalhar e prosperar. Essa tensão entre gerações poderá aumentar dramaticamente a desilusão com as instituições representativas, esgarçar a confiança na democracia, no Estado de Direito e na economia de mercado, ressuscitando um período sombrio no qual assistiremos à ascensão de partidos antidemocráticos, de ideologias totalitárias e de líderes populistas que destruirão as liberdades individual, política e econômica. Portanto, melhorar a gestão do Estado – fazer mais com menos recursos – e rever a governança pública são medidas imprescindíveis para a solvência do país ea sobrevivência da democracia.

A segunda força que colocará pressão nos governos para reformar o Estado é a globalização. Capital e pessoas movem facilmente de um país para outro. Estados disfuncionais que taxam demasiadamente o setor produtivo sufocam os empreendedores com leis e regulações excessivas e com medidas intervencionistas, afugentarão investimentos e gente talentosa que procurarão outros países para produzir, empreender, viver e trabalhar.

Os países que não forem capazes de fazer a travessia do Estado assistencial para o Estado prestador de serviço sucumbirão ao que

Adam Smith descreveu como o estado de estagnação. Os Estados cessam de progredir quando os salários da maioria da população são baixos e o governo é dominado por uma elite corrupta que manipula as leis e o Estado de Direito para defender os seus próprios benefícios e interesses. As palavras de Adam Smith deveriam servir de alerta para nos lembrar que a reforma do Estado se tornou uma tarefa inadiável.

QUINTO MANDAMENTO

"ACABARÁS COM O CAPITALISMO DE ESTADO E ADOTARÁS A ECONOMIA DE MERCADO"

A lista das grandes empresas brasileiras é um bom retrato do capitalismo de Estado que impera no país. Elas vivem penduradas em benesses e favores garantidos pelo Estado. Cultivam uma proximidade exacerbada com o poder político não só para obter recursos, crédito subsidiado e contratos do governo, como também para garantir reserva de mercado, cartéis, oligopólios e políticas protecionistas que transformaram o Brasil em uma das economias mais fechadas do mundo. Coincidentemente, são também as grandes doadoras de campanhas políticas e as maiores beneficiárias de crédito estatal, subsídios governamentais e de favores públicos. Setores diversos, como os de energia, comunicação, construção, mineração e bancos comerciais, vivem e lucram com essa simbiose entre o setor privado e o Estado.

O capitalismo de Estado beneficia poucos e prejudica a maioria da população. Sentimos no bolso o custo elevado dos produtos e serviços comercializados no país. Pagamos duas vezes mais por um automóvel no Brasil do que nos Estados Unidos; a nossa conexão de internet de banda larga é nove vezes mais cara que na Coreia do Sul; o preço da nossa gasolina está muito acima da média internacional. O crédito pessoal e para as pequenas e médias empresas é um dos mais caros do mundo. Mas o crédito subsidiado, disponíveis para as empresas que têm acesso às linhas oferecidas pelo governo, custa metade do valor da taxa de juros cobrada pelo mercado às pessoas comuns. Assim, em uma lógica inversa, o dinheiro do trabalhador depositado no Fundo de Amparo ao Trabalhador (FAT) e as contribuições dos funcionários de empresas públicas para suas aposentadorias, que constituem os fundos de pensão das estatais, colaboram para financiar as grandes empresas que tomam dinheiro emprestado no BNDES – o Banco de Desenvolvimento Econômico e Social. Ou seja, no Brasil, o governo, com recursos dos trabalhadores, financia os empresários a uma taxa muito inferior àquela praticada pelo mercado. Em outras palavras, o BNDES empresta dinheiro a uma taxa de 6% ao ano para os empresários, mas toma recursos no mercado a uma taxa de 13% ao ano. Essa diferença entre o custo do dinheiro emprestado às empresas e o custo da captação pelo BNDES no mercado, já causou um rombo de quase R$ 400 bilhões nos últimos 8 anos (2008-2016). Essa conta é paga por nós, contribuintes.

O BNDES não é o único vilão. Há muitos outros exemplos espalhados pelas entranhas do Estado. Criada em 1967 para estimular a exportação, a Zona Franca de Manaus deixou de exportar para vender produtos no mercado doméstico. O mais grave é que ela continua a receber subsídios e vantagens fiscais do Tesouro Nacional, que custam R$ 26 bilhões/ano aos cofres públicos. Esse valor equivale ao que o governo gasta com o programa Bolsa Família – o bem-sucedido programa de transferência de renda iniciado no governo Fernando Henrique e expandido no governo Lula. O subsídio público concedido ao sistema "S" (SESC, SESI, SENAI e SEBRAE) é outro exemplo ilustrativo: custa mais que um Bolsa Família/ano para o contribuinte. Não é por outra razão que o financiamento de tantos programas subsidiados e de tantos benefícios setoriais levou o brasileiro a ter de arcar com uma das mais altas cargas tributárias do mundo, sem a contrapartida de serviços públicos e infraestrutura de qualidade.

O capitalismo de Estado prejudica o crescimento econômico e contribui para o aumento da desigualdade social. O pensamento econômico antiliberal está tão arraigado na cultura brasileira que a narrativa perseguida tanto pelos governos autoritários de direita, quanto pelos governos populistas de esquerda, insiste em afirmar que o capitalismo de Estado é bom para os pobres. Mas os fatos comprovam justamente o oposto. Nenhum país que adotou o capitalismo de Estado conseguiu reduzir a desigualdade para os níveis dos demais países, onde impera a economia de mercado. Compare o Índice de Desenvolvimento Humano (IDH) das nações desenvolvidas com o dos países governados pelo sistema de capitalismo de Estado. Em uma escala de 0 a 1 (sendo que o índice mais próximo de 1 é o das nações menos desiguais), nas 25 nações mais bem colocadas no IDH vigora a economia de mercado. Os indicadores variam de 0,944 (Noruega) a 0,876 (Espanha). Já as economias regidas pelo capitalismo de Estado, como a Rússia (0,798) e o Brasil (0,755), figuram entre os países mais desiguais. Um ranking criado pela revista inglesa *The Economist* revela um dado emblemático: a fortuna dos bilionários nos países emergentes que atuam em setores ligados ao Estado é duas vezes maior, em relação ao PIB, do que as grandes fortunas nas economias desenvolvidas[45]. De fato, podemos atribuir ao capitalismo de Estado a perpetuação da gritante desigualdade de renda no país.

Além de contribuir para o aumento da desigualdade social, o capitalismo de Estado inibe a inovação, a atração do capital intelectual e o fomento do empreendedorismo. Ele concentra riquezas e cria uma casta de oligarcas que prejudica a mobilidade social e dificulta o fomento do empreendedorismo. Créditos subsidiados pelo Estado criam empresas viciadas em ajuda governamental, o que compromete a sua capacidade de competir globalmente. Reservas de mercado tornam as companhias mais ineficientes, menos competitivas, levando-as a produzir bens e serviços mais caro e de pior qualidade. Nesse sistema perverso, as grandes empresas conseguem conviver com as leis trabalhistas antiquadas, com a alta carga tributária e com a

---

[45] The Economist. *Planet Plutocrat*. 15 de março, 2014.

morosidade da Justiça. Mas as empresas pequenas e *start ups* dificilmente sobrevivem a essas barreiras de entrada que limitam o tamanho do mercado nacional. Um país como o Brasil, onde 45% da riqueza nacional passa pelo Estado, o incentivo para contratar pessoas e serviços que abrem portas no governo é mais atraente do que correr o risco de inovar e de empreender. A concentração de vantagens e de favores estatais para os setores "estratégicos", subjetivamente definidos, faz mal ao país porque transforma o rentista do Estado na atividade mais desejada do país.

O desmantelamento do capitalismo de Estado no Brasil exigirá mudança de comportamento e de cultura. O pensamento econômico brasileiro que moldou as políticas econômicas no país desde 1930 é eminentemente antiliberal. Inspirado na política fascista de Mussolini, Getúlio Vargas instituiu o dirigismo estatal e a representação dos interesses corporativos como as hastes do desenvolvimento econômico e da representação política no parlamento. A crença getulista no papel de um Estado centralizador e intervencionista, capaz de controlar a economia, tornou-se o pilar central da preservação da ordem política e do progresso da nação. Esse modelo de Estado passou a reger as políticas de governo desde então. O governo, por meiodo presidente da república, do Congresso, da Justiça e até mesmo daConstituição, procurou cercear o funcionamento do livre mercado. Asuspeita de que a livre iniciativa precisa ser controlada e tutelada peloEstado para evitar que a ambição desmesurada dos capitalistas gere crises econômicas, manipulações do mercado e agravamento da desigualdade social pautou o discurso e as políticas econômicas do país desde o primeiro governo de Getúlio Vargas, em 1930.

O pensamento antiliberal está tão impregnado na sociedade que sufocou o debate político e o pluralismo das ideias na academia, na política e na economia. O mundo acadêmico foi orientado pela visão marxista da história econômica de Caio Prado Jr. e o nacional-desenvolvimentismo de Celso Furtado; a política protecionista, defendida por Roberto Simonsen, foi incorporada por subsequentes líderes da indústria que dominaram a Federação das Indústrias de São Paulo (FIESP) e a Confederação Nacional da Indústria (CNI). O pensamento econômico antiliberal se enraizou de tal forma no país que não há grandes divergências de visão e de propostas de políticas públicas entre os principais partidos políticos brasileiros. Todos eles nutrem uma afeição pela crença no papel redentor do Estado; uma espécie de agente salvador da nação que nos protege das garras de capitalistas ambiciosos que almejam submeter o mercado e dissipar as nossas riquezas naturais.

Não é de se estranhar que o Brasil não teve um presidente liberal desde 1906, quando Rodrigues Alves deixou o poder[46]. No Brasil pós-Segunda Guerra, surgiu um pequeno contingente de liberais – como Roberto Campos, Otávio Gouveia de Bulhões e Eugênio Gudin – que tiveram rápidas passagens por governos, mas foram logo demitidos dos seus cargos. Suas ideias e propostas não se coadunavam com a visão de Estado e de mercado dos nossos governantes. Elas representavam um alto custo político para presidentes da república sem convicção nos princípios liberais. Mas houve duas raras exceções. O presidente Collor (1990-1992) passou para a história como o líder demagogo que confiscou a poupança dos brasileiros e que teve o mandato interrompido pelo processo de impeachment por causa de escândalos de corrupção. Mas, durante o seu governo, algumas medidas importantes foram tomadas para abrir a economia. Reduziram-se significativamente as alíquotas de importação para estimular a competição interna; lançou-se um programa de melhoria de eficiência e de produtividade e institucionalizou-se o marco legal do programa de privatização das empresas estatais.

Apesar de não comungar dos fundamentos do pensamento liberal, o presidente Fernando Henrique Cardoso (1994-2002) delegou a

---

[46] Os três presidentes liberais que governaram o Brasil foram Prudente de Moraes, Campos Salles e Rodrigues Alves. Para entender melhor a trajetória desses três estadistas, ver o livro *Os Virtuosos*, de minha autoria.

conduta da política econômica e monetária a um pequeno contingente de liberais – como Pedro Malan, Gustavo Franco e Armínio Fraga. Essa rara brisa de políticas liberais foi determinante para estabelecer os fundamentos que asseguraram o fim da inflação, a retomada do crescimento econômico, a redução da desigualdade social e o fortalecimento das instituições democráticas.

A missão da nova geração é desintoxicar o Brasil do pensamento antiliberal para nos livrar do capitalismo de Estado. O momento nunca foi tão propício. Primeiro, temos o apoio e a força da juventude "milênio". Essa geração possui boa formação acadêmica, vive nos grandes centros urbanos e acredita que pode melhorar o país, atuando tanto nas arenas pública e privada, como no terceiro setor. Ela quer criar seu próprio negócio ou sua própria ONG mas, ao contrário de seus pais e avós que sonhavam com a estabilidade do emprego, não almeja fazer carreira e, uma grande empresa. A geração milênio quer empreender – não importa se no setor privado, público ou no terceiro setor. Para ela, o importante é dedicar-se a uma atividade que esteja em consonância com seus propósitos, com as suas causas e que dê um sentido maior à sua vida. Trata-se de uma geração que vive em um mundo global, trabalha e atua em rede, convive muito melhor com um mundo plural e com as diferenças de crenças, cultura e costumes do que seus pais e avós.

Essas características da geração milênio demonstram repúdio às ideias antiliberais e à estrutura hierárquica do Estado que cria regras rígidas e dissociadas da realidade do mundo moderno. As leis trabalhistas, os sindicatos e a carteira de trabalho, por exemplo, lhes parecem anacronismos do século passado que estão na contramão do que desejam, como mobilidade, flexibilidade e vontade de se engajar em trabalhos e projetos temporários. Os jovens que desejam iniciar um negócio no Brasil frustram-se com o labirinto burocrático que consome tempo e dinheiro, desviando os jovens empreendedores da sua vocação de criar, inovar e correr risco. Não é por outra razão que a percepção de um Estado caro, corrupto e ineficiente, que ignora as preocupações e anseios de jovens empreendedores, tenha estimulado as grandes manifestações populares de 2013 a adotar o *slogan* "não sou representado". O jovem milênio não se sente representado por políticos, sindicalistas e burocratas. Estes ignoram as demandas da nova geração porque elas não se encaixam na moldura antiliberal e corporativista do Estado brasileiro. Mas essa nova geração ajudará a desintermediar a relação do Estado com o cidadão. Ela empregará a criatividade, o engajamento em rede e a tecnologia para quebrar as muralhas que separam o cidadão do Estado.

O segundo elemento é a indignação da população com a corrupção na política. A corrupção está intrinsicamente ligada ao capitalismo de Estado. Os políticos dependem dos recursos das grandes empresas para financiar suas campanhas eleitorais. As grandes corporações investem em candidatos que defendem os seus interesses, privilégios e favores públicos, cuja tradução se dá na criação de leis, regras, tarifas e regulamentação e na conquista de contratos públicos que beneficiam essas empresas e dificultam a entrada de novos competidores no mercado brasileiro. Essas vantagens concedidas aos grandes conglomerados se traduzem em aumento de impostos e da dívida pública. Em outras palavras, os ganhos do protecionismo e da reserva de mercado beneficiam os grandes conglomerados e os custos são socializados com a sociedade. Pior, o capitalismo de Estado vem produzindo "pibinhos" – taxas de baixo crescimento econômico, acirrando o processo de desindustrialização no país e comprometendo o aumento de produtividade da economia brasileira.

O terceiro motivo que levará o Brasil a reformar as políticas econômicas antiliberais está relacionado aos efeitos irreversíveis da globalização. A realidade mostrou que os países que se isolam do restante do mundo, empobrecem; já aqueles que buscam se integrar ao mundo global, enriquecem. A China tornou-se o segundo maior PIB no mundo, graças à sua determinação e perseverança de se tornar uma nação exportadora e de promover ininterruptamente a abertura gradual da economia desde 1978, quando abandonou a cartilha econômica marxista. A Coreia do Sul, cujo PIB *per capita* representava metade do brasileiro em 1970, hoje tem um PIB *per capita* quase duas vezes e meia maior que o do Brasil. Enquanto esses países abriram-se para a economia global, o Brasil, cioso de suas riquezas naturais e do seu mercado interno, fechou-se para o mundo. Se quisermos impulsionar o crescimento econômico e nos tornarmos um país de renda média, teremos de abrir o país para o mundo, sermos uma nação exportadora e nos integrarmos à economia global.

O nacionalismo tacanho é sinônimo de hemiplegia mental, econômica e política. A nossa lente antiliberal prejudica a nossa capacidade de enxergar a realidade como ela é. Os países estão conectados por meio de uma intensa troca de ideias, produtos e pessoas que não se deterá com as tentativas de se reerguerem muralhas para frear esse intenso intercâmbio entre pessoas e países. Os grandes problemas da humanidade se tornaram globais. É impossível combater epidemias e o terrorismo; lidar com guerras e problemas de imigração em massa; enfrentar as crises econômicas e monetárias, se não houver troca de informações, coordenação de esforços e cooperação entre países, organizações e governos. O nosso destino está intrinsecamente associado aos acontecimentos globais. As tentativas de cercear essa integração global colaboram para o empobrecimento do país, para a queda do comércio mundial, para o agravamento dos problemas sociais e para o aumento da intolerância e da proliferação do fanatismo – seja ele político ou religioso.

Não há "receita de bolo" para acabar com o capitalismo de Estado, mas o seu desmantelamento deve ser iniciado pelo processo de abertura da economia, do aumento da competitividade e da produtividade. Outra medida fundamental é acabar com a insegurança jurídica no Brasil. Não é possível que as pessoas que geram riqueza no país – empreendedores, empresários, trabalhadores e investidores – se tornem reféns do voluntarismo das interpretações de regras e de leis; do complexo emaranhado das legislações trabalhista, tributária, fiscal e ambiental que atrapalham a atração de investimentos e criam um gigantesco risco jurídico para empresas e dirigentes empresariais.Será necessário simplificar regras, aumentar a transparência das informações e dos processos burocráticos. Pode-se iniciar o processo pela reforma tributária. Impostos e tributos deveriam ser pautados pelo princípio da isonomia, mas, no Brasil, eles são definidos de acordo com os interesses casuísticos, pressão de lobbies e as preferênciasideológicas da política que acabam gerando um sistema tributário complexo e norteado por milhares de exceções; da criação de alíquotas diferenciadas; e do tratamento especial e desigual dado aos váriossetores da economia. Essa colcha de retalhos tributária causa enormesdistorções na economia. Ela retrata a existência de segmentos privilegiados por benefícios, vantagens e tratamentos diferenciados que sustentam um sistema tributário complexo e incompreensível que estimula a corrupção, a sonegação e a informalidade.

A combinação do excesso de normas, de leis e de regras com a intervenção voluntarista e autoritária do governo, conspira para matar a produtividade do país e aumentar a pobreza nacional. Por isso, a agenda que propomos de simplificação de regras, de aumento da transparência e do desmantelamento do capitalismo de Estado é vital para deixarmos o mercado funcionar e incentivar os inovadores, investidores e empresários a correrem risco, errarem, acertarem e desenvolverem produtos e serviços inovadores que ajudarão o país a ganhar produtividade, tornar-se mais competitivo e dar espaço para o espírito empreendedor do brasileiro florescer e desabrochar. A melhor forma de iniciar essa transformação é nos convencermos de que temos de nos tornar uma nação exportadora de bens e serviços de maior valor agregado.

SEXTO MANDAMENTO

"INTEGRARÁS O BRASIL À ECONOMIA GLOBAL E IMPULSIONARÁS A EXPORTAÇÃO"

Se a pauta de exportação oferece uma boa fotografia da capacidade de um país competir globalmente, o Brasil está muito mal na foto. Apesar de sermos a 9ª economia do mundo (em tamanho do PIB), representamos apenas 1% do comércio internacional e um pouco mais de 2% do PIB global. Vivemos isolados das cadeias globais de valor e, portanto, nos limitamos a exportar basicamente *commodities*. Produtos de maior valor agregado, como carros e aviões, representam apenas 3% das nossas exportações. Essa estarrecedora irrelevância global é fruto dos valores que nortearam as nossas escolhas políticas.

Enquanto o Brasil preferiu manter a sua economia fechada, os "tigres asiáticos", como a Coreia do Sul, Singapura e Taiwan, dedicaram-se com afinco a abri-la para o mundo. A diferença entre manter o mercado interno blindado contra a competição mundial e preparar o país para exportar e competir globalmente está registrada na evolução do PIB *per capita* do Brasil e dos tigres asiáticos. Ao optarmos por nos embevecermos com os discursos antiliberais e com as políticas protecionistas dos governos autoritários (militares) e democráticos (Sarney, Lula e Dilma) que bradaram em defender as nossas riquezas nacionais e proteger os nossos mercados da competição internacional, o nosso PIB *per capita* saltou de 440 dólares em 1970 – a era do "milagre econômico" – para 11 mil dólares em 2014. A Coreia do Sul, que em 1970 seguiu a trajetória do Brasil e exportava apenas produtos de baixo valor agregado (como manufaturados), possuía um PIB *per capita* de apenas 291 dólares. Mas, nos anos 80, o país resolveu abrir gradualmente a economia e transformar-se em uma nação exportadora. Em pouco mais de 30 anos, o PIB *per capita* da Coreia do Sul cresceu exponencialmente, chegando a 25 mil dólares em 2014. Taiwan seguiu um caminho parecido. Deixou de ser uma província pobre para integrar-se ao mercado global e se tornar uma nação exportadora. Hoje, a pequena ilha de Taiwan exporta mais que o Brasil e o seu PIB *per capita* é de 32 mil dólares. Singapura, sob a liderança de Lee Kuan Yew, tornou-se uma das economias mais abertas do mundo desde a sua independência em 1965. Hoje, o país tem um dos melhores índices de desenvolvimento humano (0,912) e um dos mais altosPIB *per capita* do mundo (55 mil dólares).

A lição das narrativas do Brasil e dos tigres asiáticos é clara. Países que abrem a economia, exportam produtos de maior valor agregado e se integram às cadeias globais de valor, tornam-se mais ricos e menos desiguais. Nações que vivem no seu esplêndido isolacionismo econômico permanecem pobres, desiguais e suscetíveis à volatilidade dos mercados globais. Os exemplos dos tigres asiáticos revelam que o processo de integração à economia global requer perseverança e visão de longo prazo; não deve ser um projeto de governo, mas uma aspiração da sociedade. Trata-se de um processo gradual de mudança de mentalidade e de comportamento que envolve gerações e testará a capacidade do país e do seu povo de enfrentar os medos que os impedem de mudar de atitude em relação à economia, ao mercado e ao mundo globalizado.

No caso do Brasil, a necessidade imperiosa de nos desvencilharmos de crenças e de atitudes obsoletas que nos desviaram do caminho da integração global demandará medidas corajosas. Primeiro, é preciso criar um senso de urgência, revelando claramente os custos desastrosos para o povo em manter a economia fechada. As reservas de mercado criadas pelo nosso capitalismo de Estado prejudicaram a competição das empresas brasileiras no mercado global; limitaram a geração de empregos qualificados e de formação de capital humano; inibiram os investimentos em tecnologia, pesquisa e desenvolvimento, contribuindo para a queda brutal de produtividade e competitividade do país. A consequência dessa combinação perversa é sentida todos os dias no bolso dos brasileiros que são obrigados a pagar mais caro por serviços e produtos de qualidade inferior àqueles oferecidos pelos países com os quais comercializamos. O consumidor brasileiro paga 50% a mais por produtos básicos, como vestuário e calçados do que o chinês, e o dobro do preço por carros e computadores pagos pelos americanos.

A economia fechada compromete também o mercado de trabalho e a geração de empregos qualificados. Os salários e encargos que compreendem o custo do trabalhador brasileiro para uma empresa não correspondem à sua produtividade. O nosso trabalhador produz metade do chileno e quatro vezes menos que o americano. Além da sua baixa produtividade e da sua fraca capacitação profissional, as leis trabalhistas criaram um gigantesco passivo para as empresas e para asociedade que resultam em menos empregos formais para a maioria dos brasileiros. Em 2016, o Brasil tinha 39 milhões de trabalhadores com carteira assinada, mas havia 55 milhões de trabalhadores naeconomia informal ou atuando como autônomos e 12 milhões de desempregados. A lei trabalhista é reveladora do Estado brasileiro. As vantagens e benefícios assegurados aos 39 milhões de trabalhadores com carteira assinada custam caro para a sociedade. Além de o passivo trabalhista representar um enorme risco financeiro e jurídico para as empresas, as leis trabalhistas desencorajam as contratações formais, condenando a maioria a trabalhar na informalidade ou, pior, condenando-os ao desemprego.

Segundo, é vital rever o papel do governo e do excessivo intervencionismo estatal na economia. No Brasil, o Estado é o maior criador de desigualdade social. As categorias e setores que extraem benefícios do governo vivem em condições privilegiadas; o restante da sociedade paga a conta e vive sob o clima permanente de instabilidade, fruto do emaranhado legal, burocrático e regulatório que cria uma miríade de armadilhas e de dificuldades para as pessoas que trabalham, empreendem, produzem e geram riqueza no país. O temor de abrirmos a economia reflete o receio de que a competição internacional eliminará as empresas brasileiras ineficientes e os empregos de baixa produtividade. A depuração do mercado por meio da competição e da concorrência é algo que gera desconforto na classe política e no meio empresarial. A abertura do mercado ajudará a desfazer os laços do capitalismo de Estado, obrigando tanto o setor público como o privado a desintoxicar o país do efeito nefasto do intervencionismo governamental e das políticas protecionistas que favorecem os interesses setoriais e corporativistas dos rentistas do governo, em detrimento do crescimento econômico, da competição internacional e do aumento das exportações. A abertura do mercado estimulará também a limpeza das artérias legais e ilegais da política, por onde é irrigada a distribuição de favores e de propinas que garantem a sobrevivência política e eleitoral de vários partidos e governantes. Por fim, impulsionará a desintermediação do Estado, a simplificação das leis e tributos e a isonomia das regras do jogo; medidas essenciais para criar condições que contribuirão para o ganho de produtividade e o aumento de competitividade do país.

Terceiro, é preciso enfrentar os mitos e crenças obsoletos que pautam as políticas econômicas. Os discursos e conceitos que moldam as políticas governamentais permanecem estagnados na primeira metade do século 20. Continuamos a atribuir um valor inflacionado ao capital físico – petróleo, minério e terras – e a subvalorizar o capital humano e o conhecimento. Exageramos o temor de que a competição internacional e a concorrência global dilapidarão as nossas riquezas nacionais e esquecemos do fato de que, no século 21, a maior fatia do PIB mundial deriva da produção de conhecimento. Computadores, *softwares*, equipamentos de precisão e medicamentos constituem uma forma de conhecimento embalados em produtos. A produção desses bens segue a lógica das cadeias global de valor. O *software* do computador é desenvolvido em um país, a bateria é fabricada em outro e o produto final é montado em um terceiro. Hoje, mais de 50% do comércio mundial é produzido pelas cadeias globais de valor. O Brasil está fora desse jogo.

A incompreensão dessa nova realidade do mundo globalizado levou o Brasil a rechaçar tratados internacionais e acordos comerciais que poderiam contribuir para a produção de bens de maior valor agregado. O Brasil não estabeleceu tratados de livre comércio com as principais potências comerciais do mundo e fez questão de não assinar tratados internacionais importantes, como o Acordo de Tecnologia da Informação (ITA), que zerou as tarifas de importação de centenas de produtos de tecnologia – como semicondutores e equipamentos que permitam à indústria nacional fabricar produtos de tecnologia. O ITA teve como signatários quase todos os países com os quais comercializamos; já o Brasil ficou de fora do comércio mundial desses produtos, que representa algo em torno de 3 trilhões de dólares por ano.

Um país que protege excessivamente o capital físico e não enxerga o real valor do capital humano e do conhecimento está condenado ao ostracismo global e a produzir bens de baixo valor agregado. Não é por outra razão que o Brasil continua a ser um mero exportador de commodities. Nos anos 70, exportávamos, café, algodão e minério. Hoje, exportamos soja, minério, carne e café. Já a Coreia do Sul, que exportava manufaturados, tecido e acessórios de moda nos anos 70, tornou-se um importante exportador de produtos de maior valor agregado no início do século 21. Hoje, sua pauta de exportação consiste em produtos como microcircuitos eletrônicos, equipamentos de telecomunicação e automóveis.

O exemplo coreano revela que é possível transformar radicalmente a pauta de exportação de uma nação. Basta ter objetivos claros (promover a abertura da economia e inserir o país nas cadeias globais de valor), ter visão de longo prazo (estimular a exportação de produtos que ajudem a transferência de conhecimento e de *know-how* que contribuem para a produção de bens de maior valor agregado), coragem e perseverança política para enfrentar as resistências do corporativismo e dos perdedores que se mobilizarão contra as mudanças e pressionarão o governo para preservar seus benefícios e privilégios.

A transformação do Brasil em uma nação exportadora e inserida na economia global exigirá grande mudança de cultura e de atitude em relação ao papel do governo, do mercado e da geração de riqueza. Trata-se de mudanças difíceis que questionarão a gênese do poder político e econômico do país. Mas esse é o preço inevitável que teremos de pagar para nos livrarmos das práticas, políticas e costumes que vêm condenando o Brasil ao baixo crescimento e à perda expressiva de competitividade e de produtividade; dois fatores que agravam os problemas sociais do país.

Devemos colocar a barra no alto e estabelecer um prazo de 10 anos para promovermos a transformação do país em uma nação exportadora de produtos de maior valor agregado. Essa meta nos obrigará a investir no aumento da concorrência e da competitividade global; na melhoria da formação e da qualidade da mão de obra; na atração de gente talentosa e também de conhecimento, em *know-how* e tecnologia. Enfim, demandará do governo e da sociedade a implementação de uma agenda que consiste em simplificar regras, aumentar a transparência de políticas e processos, contrariar grupos de interesse e diminuir o intervencionismo estatal na economia.

Ricardo Hausmann, professor de Harvard, oferece uma pista fundamental para o desenvolvimento econômico. Ele afirma que países só produzem bens de maior complexidade quando são capazes de atrair cérebros que ajudam a expandir o conhecimento aplicado e o *know-how*. Hausmann utiliza a metáfora da floresta (mercado) e dos macacos (empresa) para mostrar como o acúmulo de *know-how* permite o desenvolvimento gradual de produtos de maior valor agregado. Uma empresa fabrica televisores e decide diversificar sua atividade e produzir tela para computadores; um salto muito próximo do produto que já fabrica. Mais tarde, a empresa sente-se confiante para investir na fabricação de outros componentes que a levam a produzir outras partes do computador. Finalmente, acumulou conhecimento suficiente para fabricar o seu próprio computador. Cada salto nessa cadeia produtiva requer o acúmulo de conhecimento e de *know-how*. Exige treinamento da mão de obra, recrutamento de pessoas com conhecimento especializado e a criação de *clusters* que reúnem conhecimento, *expertise*, fornecedores e especialistas capazes de produzir bens de maior complexidade.

São José dos Campos, no interior de São Paulo, é um bom exemplo da criação de um conglomerado de tecnologia e de inovação. Em 1946, os militares resolveram construir uma faculdade capaz de formar engenheiros com alto grau de excelência para contribuir para o desenvolvimento do país. Escolheram São José dos Campos, uma cidade localizada na metade do caminho entre São Paulo e Rio de Janeiro. Criou-se o ITA (Instituto de Tecnologia da Aeronáutica) e estabeleceu-se uma parceria com o MIT (Massachusetts Institute of Technology), uma das melhores instituições do mundo em formação de engenheiros. Recrutou-se um professor do MIT, Richard Smith, para se tornar reitor do ITA e responsável pela criação do currículo acadêmico da instituição. A excelência na formação de engenheiros permitiu a criação da Embraer, em 1969, e a transformação da região em um importante conglomerado de inovação tecnológica; algo vital para fazer da Embraer uma importante fábrica de aviões que compete nos mercados globais. Mas a criação do polo tecnológico em São José não atraiu apenas engenheiros e especialistas em tecnologia.

Esses conglomerados de excelência revelam um segundo fenômeno importante para impulsionar o adensamento das cadeias de valor. Hausmann notou que "pessoas se especializam e cidades e países diversificam". Para vender aviões no mundo, é preciso muito mais do que engenheiros. É necessário especialistas em comércio e *marketing*, advogados e pesquisadores; a existência de uma rede de fornecedores de peças, equipamentos e de diversos serviços. A presença de especialistas em várias áreas permite o aumento do conhecimento coletivo que, por sua vez, gera a diversificação de serviços produtos e de fornecedores que contribuem para o desenvolvimento de bens de maior valor agregado. O Estado também tem um papel importante a desempenhar. Não existiria um conglomerado em São José dos Campossem telecomunicações e energia elétrica, boas estradas e aeroportos.

O caso de São José dos Campos retrata a criação de outros conglomerados importantes. A cidade de São Paulo tornou-se o centro financeiro e de serviços do país. A região do centro-oeste tornou-se o epicentro da agroindústria exportadora. Ambas atraem gente talentosa e mão de obra qualificada que aportam mais conhecimento e *know-how* que favorecem a geração de riqueza, de pesquisa e desenvolvimento e de investimento que permitem produzir produtos capazes de competir globalmente.

Esses exemplos de sucesso contrastam com os inúmeros casos de fracasso, em que governos utilizam os incentivos errados para atrair indústrias por meio de benefícios e de subsídios e ignoram a transferência de conhecimento e *know-how*. A zona franca de Manaus é o principal exemplo de fracasso de criação de *cluster*. A região se tornou um bolsão de política protecionista que criou um *cluster* de indústrias viciadas em subsídio governamental e incapazes de competir globalmente. A vocação econômica de estados e cidades aflorará se governos criarem os incentivos certos. As recomendações de Adam Smith, no século 18, continuam válidas para o século 21: o progresso de um país é função da existência de um governo que deixa o mercado funcionar com pouca intervenção; a criação de leis sensatas que garantem o cumprimento de contratos, a preservação da propriedade privada e as liberdades individuais; e a existência de um sistema de taxação moderado para não inibir o investimento e a geração de riqueza constituem medidas essenciais para qualquer nação que pretende ter um papel relevante no comércio global e exportar produtos de maior valor agregado.

SÉTIMO MANDAMENTO

"EDUCARÁS OS BRASILEIROS PARA O MUNDO GLOBALIZADO"

Há algo muito errado com o sistema educacional de um país quando os alunos não aprendem e quase metade dos seus jovens abandona o ensino médio. Aqueles que conseguem sobreviver à entediante maratona do ensino formal costumam avaliar a sua trajetória escolar como um acúmulo de conhecimento inútil e pouco prático para a vida profissional. Ao matar a curiosidade intelectual de crianças e jovens, a escola sepulta o combustível elementar do aprendizado; desencoraja a formação do pensamento crítico e do raciocínio lógico; e, o mais grave, deixa de cumprir o seu papel social de preparar os jovens para se tornarem profissionais preparados para o mercado de trabalho, cidadãos engajados e pessoas capazes de desempenhar melhor os seus diferentes papéis na vida adulta.

Não é preciso ser um especialista em educação para saber que a boa escola é aquela na qual os estudantes são curiosos e desafiados a aprender. Para isso, são necessários bons professores, bons diretores e um método de ensino que estimule os alunos não só a aprender matemática, línguas, história e ciências, como também a desenvolver o pensamento crítico e a capacidade de resolver problemas; atividades que contribuirão para a formação do caráter e de valores dos jovens. Ninguém esquece um bom professor que cativa os alunos com explicações interessantes, exemplos instigantes e suas provocações que geram debates de ideias, aguçam a curiosidade e a vontade de aprender; ampliam o nosso entendimento do mundo, do país e de nós mesmos, como indivíduos e cidadãos. Mas no Brasil, o bom professor e a boa escola são raridades; uma espécie de desvio estatístico do sistema educacional.

A educação brasileira é uma tragédia nacional. Gastamos quase 6% do PIB com o nosso sistema educacional; um valor que está acima da média dos países da OECD. O Brasil tem uma das maiores redes de professores do mundo. Se há dinheiro e professores, então como é possível termos o pior sistema educacional entre os países emergentes, cuja renda *per capita* é semelhante à do Brasil? Como é possível que os alunos brasileiros estejam entre os piores do mundo no ranking do PISA, o teste internacional que mensura a proficiência dos adolescentes que cursam o ensino médio em compreensão de texto, matemática e ciências?

O real problema da educação brasileira é que o aluno não aprende na sala de aula. As nossas políticas educacionais não priorizam o aprendizado do aluno, mas os interesses corporativistas dos educadores. Gastamos boa parte do PIB com educação, mas o dinheiro não chega ao aluno e não colabora para melhoria do aprendizado. Nos últimos 10 anos, o investimento por aluno no ensino médio dobrou, mas os testes de avaliação nacional, como o SAEB e a Prova Brasil, continuam estacionado no mesmo patamar e, pior, indicando ligeira queda em matemática.

A verdade é que os recursos públicos empregados na educação se perdem nas artérias esclerosadas do corporativismo que se estende das secretarias de Educação dos governos estaduais e municipais à sala de aula. No centro da política educacional, existe uma governança que gera incentivos errados e nocivos à boa educação e perpetua os interesses corporativistas. O professor recebe grande parte da atenção do governo, dos sindicatos e dos recursos públicos. A carreira do professor, que deveria ser uma das mais importantes e valorizadas do país, tornou-se burocrática. No curso de pedagogia, ele estuda teorias educacionais, mas não aprende a dar uma boa aula. Ao prestar concurso público, ele conquista a tão sonhada estabilidade. Uma vez na sala de aula, seu trabalho não é avaliado por ninguém. Mesmo que seja incapaz de ensinar aos seus alunos, não pode ser demitido. Por fim, se aposenta antes de completar 50 anos e vive o resto da vida recebendo aposentadoria integral, reajustada de acordo com o valor dos salários dos professores da ativa.

Os governantes dizem que se importam com a educação, mas não demonstram coragem política para enfrentar a reformar o sistema educacional. O crescimento exponencial do custo das aposentadorias dos professores, por exemplo, consome não só o dinheiro do investimento na melhoria do aprendizado do aluno na sala de aula, como também impede aumentar o salário ou pagar bonificações para os bons professores da ativa – algo importante para atrair jovens talentosos para a carreira do magistério. Ademais, vários governadores e prefeitos empregam os recursos públicos, que deveriam ser utilizados na melhoria do aprendizado na sala de aula, para pagar folha de professores aposentados. Ou seja, ao não comprar a briga política para estancar o gasto com os aposentados, os governantes continuam a pagar pela educação pública que não deu certo, em vez de investir na educação das futuras gerações.

A ineficiência e o espírito corporativista também estão presentes na carreira dos diretores de escola. A maioria dos diretores está mais preocupada em preservar boas relações com os professores para garantir sua eleição e manter-se no cargo do que cobrar desempenho e resultado dos professores na sala de aula e certificar-se de que os seus alunos estão aprendendo o conteúdo acadêmico. Assim como o professor, o diretor também não recebe nenhum treinamento prático e administrativo para gerenciar os recursos da escola e a relação com os professores, pais e alunos. Ele é outro burocrata do ensino.

Mas o epicentro do triunfo dos interesses corporativistas na educação não está no ensino fundamental nem no ensino médio; ele reside no ensino superior. O Brasil gasta seis vezes mais do que os países emergentes com as universidades públicas. Elas deixaram de ser um centro de excelência acadêmica, de conhecimento e de formação de pessoas para se tornar um bastião medieval do corporativismo acadêmico. Em geral, são ilhas de mediocridade e de feudos acadêmicos, desconectadas do mundo real, e sorvedouros de dinheiro público mal gasto em salários e benefícios de professores medíocres. A nossa melhor universidade pública não está sequer entre as 100 melhores do mundo. Uma vergonha.

A educação está ruim porque ela se tornou refém dos interesses corporativistas que empregaram seu poder político para pressionar o Estado por benefícios e privilégios e contentar-se com padrões medíocres de aprendizado dos nossos alunos e ausência de cultura de avaliação e de responsabilização pelo desempenho do aprendizado do aluno. Se importarmos os melhores professores do mundo (finlandeses) e alunos focados no aprendizado (coreanos) e inseri-los no sistema educacional brasileiro, em pouco tempo o professor finlandês e o aluno coreano terão um desempenho acadêmico muito abaixo do seu real potencial. Os incentivos moldam o comportamento das pessoas. Ao perceber que o professor não é supervisionado e cobrado pelo seu desempenho na sala de aula e o aluno não é avaliado pelo que aprendeu e orientado de maneira construtiva, ambos tendem a se acomodar ao nível de mediocridade do sistema educacional brasileiro. Esse quadro desastroso da educação brasileira precisa ser enfrentado com coragem e realismo para atacar o problema central da educação brasileira: a ausência de um sistema de governança, cujo pilar central é a responsabilização de todos os atores pelo resultado do aprendizado do aluno – governantes, diretores de escolas, professores e pais.

A responsabilização individual desses atores pelo aprendizado dos alunos requer uma profunda mudança de comportamento. Professores serão avaliados pelo seu desempenho na sala de aula e pelo aprendizado dos alunos do conteúdo básico que será explicitamente definido para cada ano letivo. Os diretores de escola receberão mais (ou menos) recursos do Estado, de acordo com o desempenho dos seus alunos. Por isso, precisarão de mais autonomia para atrair, selecionar, treinar e demitir professores. As informações sobre o aprendizado de cada aluno e o desempenho da escola nos testes de avaliação nacional serão amplamente divulgadas para a sociedade e para os pais para que possam orientar os filhos, cobrar professores e diretores e, em último caso, mudar a criança de escola. De fato, os governantes deveriam criar incentivos para que parte dos recursos direcionados às escolas seja determinada pelo desempenho dos alunos e pelo númerode estudantes de cada escola. Ademais, os governos estaduais e municipais deveriam transformar as avaliações públicas em ferramentaspara ajudar professores e alunos a melhorarem a avaliação de dados efatos que impactam o aprendizado do aluno. Exames como o Saresp(do estado de São Paulo), por exemplo, podem ser aprofundados parapermitir que diretores e professores mergulhem na análise da granularidade do conhecimento que o aluno está aprendendo ou não em cada etapa do ensino.

A existência de uma governança focada em responsabilização (*accountability*) que envolve todos os atores da educação em torno do aprendizado dos alunos é o elemento central que norteia todos os países que apresentam um sistema educacional exitoso. Os incentivos, as regras e as avaliações de desempenho da boa governança promovem importantes mudanças de comportamento. Eles desencadeiam mudanças de atitude, de crença e de cultura que são vitais para se construir um sistema educacional capaz de combinar o aprendizado com conhecimento prático; a criatividade com a tecnologia; o rigor acadêmico com a quebra de paradigmas; o pensar com o aprender (enão com decorar); a análise de dados e fatos com opinião e pensamento crítico. Esses ingredientes são fundamentais para preparar os jovens para exercer os seus variados papéis de indivíduo, de cidadão e de profissional no mundo.

Não há fórmula mágica para se criar um bom sistema educacional. Políticas públicas precisam ser desenhados respeitando o contexto particular de cada nação e compreendendo as realidades locais. Mas existem cinco ingredientes essenciais que estão presentes em todos os países que criaram uma educação pública de qualidade. Primeiro, é necessário coragem política para enfrentar o corporativismo que impede a criação de uma governança que coloca o aprendizado do aluno como o ponto focal da política educacional e que cria a cultura de responsabilização. Isso significa que os recursos investidos na educação e a eficácia das medidas adotadas serão avaliados de forma objetiva; eles precisam contribuir para o aumento do aprendizado do aluno. Países que conseguiram implementar educação de qualidade, tiveram governos e governantes capazes de enfrentar as resistências política e sindical que procuram sabotar os quatro outros ingredientes: a implementação de sistemas de mensuração de desempenho dos alunos; a criação de um currículo mínimo comum para balizar a educação básica; a formação e avaliação de professores; e a capacitação criteriosa de diretores de escolas.

Segundo, não há nenhum sistema educacional exemplar no mundo que se esquivou de adotar mecanismos de avaliação criteriosos que mensuram periodicamente o aprendizado do aluno. Todo professor na sala de aula sabe muito bem o conteúdo que precisa ser ensinado e o que se espera que o aluno aprenda no ano letivo. Os exames, provas e testes não permitem subjetividade de avaliação de desempenho do aluno ou de interpretação sobre o seu "progresso"; eles mensuram o aprendizado do conteúdo acadêmico de maneira clara e transparente para que a escola, o aluno e o professor possam tomar medidas corretivas para ajudar aqueles estudantes que não aprenderam o conteúdo que deveriam ter aprendido no ano escolar. Como diz Andreas Schleicher, criador do PISA, "se não tivermos dados sobre o aprendizado, somos apenas uma pessoa com opinião". No Brasil, a melhoria da educação começa por uma mudança de atitude: é preciso dar mais atenção para a análise dos dados e fatos, e menos importância a miríade de opiniões, teses e interpretações subjetivas sobre os "problemas da educação".

Terceiro, é imprescindível conceber um currículo comum para que haja clareza sobre o que o aluno deve aprender, o professor ensinar e o sistema avaliar. Sua finalidade não é engessar o sistema de ensino; ao contrário, ao saber o que o aluno precisa aprender, permite-se mais autonomia às escolas, aos estados e aos municípios para testar, experimentar e oferecer formas diferenciadas de ensinar o conteúdo. O objetivo do currículo comum é garantir que toda criança e jovem da pré-escola ao ensino médio saiba o que é preciso aprender em cada ano letivo. Um aluno que não aprendeu bem as quatro operações matemáticas nos anos iniciais, terá dificuldade em aprender equação e geometria nos anos mais avançados. O currículo precisa também ser suficientemente flexível para permitir aos jovens do ensino médio escolherem conteúdos complementares de seu interesse que o ajudem a desenvolver suas habilidades e competências para a vida profissional. Parte do desinteresse do jovem pelo estudo deve-se ao currículo maçante e entediante de assuntos em que ele não tem o menor interesse. Não é à toa que esse estudante perde o interesse pelo aprendizado e acaba abandonando a escola no ensino médio por considerá-lo "chato" e "inútil".

Quarto, a formação de bons professores é o pilar central de um sistema educacional de qualidade. Todos os países que oferecem educação pública de qualidade foram capazes de transformar a carreira de professor em uma das mais desejadas por pessoas brilhantes e talentosas. No curso de pedagogia, a ênfase da formação do professor se dá em torno do conhecimento prático e do enfoque nas didáticas e estratégias para se dar boas aulas. Após a conclusão do curso de pedagogia, o aspirante a professor passa por um rigoroso período probatório no qual começa a dar aula sob a supervisão de professores experientes que o orientam, avaliam e lhes dão conselhos práticos de como melhorar as aulas. Em alguns países, como a Polônia, os professores já efetivados foram obrigados a passar por programas de treinamento e de reciclagem de conhecimento prático para melhorar o desempenho na sala de aula. A valorização do magistério e o rigor do processo de seleção e de treinamento são cruciais para a formação de bons professores.

No Brasil, a má formação do professor explica boa parte do nosso péssimo sistema educacional. A carreira de professor não atrai os melhores alunos; depositamos o aprendizado das nossas crianças e jovens nas mãos de pessoas que carecem de excelência acadêmica e de conhecimento pedagógico prático para ensinar. No curso de pedagogia, aprende-se teorias educacionais, mas não há formação prática de como se dar uma boa aula. Assim, criamos um exército de professores que não sabem ensinar! O período probatório do professor na rede pública é uma mera formalidade burocrática. Ele não é submetido a um processo de orientação, de críticas e de treinamento profissional; tampouco recebe algum tipo de avaliação criteriosa de sua atuação na sala de aula e do seu desempenho como professor. Não é à toa que o bom professor é um ser raro na escola pública brasileira. Grande parte do corpo docente consiste de professores-burocratas da educação: pessoas que não se interessam pelo aprendizado do aluno, mas buscam, na carreira de professor, a estabilidade do emprego, a comodidade pessoal e os benefícios sociais que o Estado oferece. É um crime colocar um professor-burocrata na sala de aula. Ele assassina a curiosidade intelectual dos alunos, sepulta o gosto pelo aprender e transforma o estudante em um mamífero condicionado a cumprir as etapas da educação formal e a preparar-se para o vestibular. Enquanto as escolas estiverem infestadas de professores-burocratas, não há dinheiro público, tecnologia ou sistema de ensino capazes de oferecer ao aluno uma educação de qualidade. Um dos principais desafios da educação pública brasileira consiste em desinfestar as escolas de professores-burocratas.

Quinto, é preciso formar bons diretores de escola. Trata-se de uma função vital para o aprendizado do aluno. Além de ser preparado para desempenhar as suas tarefas de gestor e de administrador da escola, o bom diretor precisa desenvolver outras habilidades igualmente importantes, notadamente a capacidade de liderar uma comunidade de professores, coordenadores de ensino, pais e alunos. Por um lado, ele tem de atrair e selecionar bons professores e lhes conceder apoio e autonomia na sala de aula para que possam ousar e inovar. Por outro, é necessário demandar dos professores avaliações periódicas para se certificar de que os alunos estão aprendendo o conteúdo básico. Nas boas escolas, não só os alunos são constantemente avaliados, como também os professores são mensurados pelo seu desempenho. O bom diretor envolve os pais na vida escolar dos filhos. Ele não os pede para participar da organização da festa junina ou da rifa de fim de ano da escola, mas os orienta a focar na educação dos filhos, oferecendo informações sobre o desempenho acadêmico dos seus filhos e estimulando-os a acompanhar os deveres de casa e estabelecer rotinas de estudo. Não há aprendizado sem muito trabalho e disciplina. De fato, o papel da escola é formar e preparar o aluno para o mundo real. Ele tem de aprender o valor do trabalho duro e da perseverança; da ousadia de inovar e da importância de lidar com o fracasso; da pressão de ser cobrado por resultado e do prazer de conquistar o reconhecimento pelos seus feitos e méritos.

Essas cinco medidas são fundamentais para se criar uma educação pública de qualidade, capaz de formar crianças para o século 21 e oferecer a tão desejada igualdade de oportunidade para os jovens. De fato, há enorme disparidade entre as próprias escolas públicas dopaís; algumas oferecendo boa educação, enquanto a maioria é muito ruim. Precisamos inverter essa lógica e criar boas escolas para a maioria dos alunos; caso contrário, perpetuaremos as desigualdades sociais no Brasil. As boas escolas públicas têm de servir de referênciae de modelo para as escolas públicas de baixo desempenho.

A cidade de Sobral, no interior do Ceará, é um bom exemplo de como podemos transformar uma rede de ensino e adotar as cinco medidas descritas acima. Sobral, cujo ensino fundamental apresentava os mesmos índices desastrosos de baixa taxa de alfabetização no início dos anos 2000 (mais de 40% das crianças não eram alfabetizadas aos 7 anos de idade), resolveu enfrentar o problema em vez de buscar culpados pelo péssimo resultado da cidade. Focou na questão central de combater o analfabetismo dos alunos e estabeleceu como meta erradicá-lo da cidade. O governo criou o senso de urgência, publicando na porta das escolas a nota medíocre nos exames de avaliação nacional, o IDEB. Ao deixar os filhos na escola, os pais deparavam com as notas que indicavam a má avaliação das escolas. Professores e diretores protestaram, mas o governo não recuou. Ao contrário, aproveitou o protesto e insatisfação para estabelecer um método de ação.

Criou-se um Programa Alfabetização da Idade Certa (Paic) que foi rigorosamente aplicado em todas as escolas. Os professores receberam treinamento e capacitação para implementar o programa; o governo acabou com as indicações políticas dos diretores de escola e passou a selecionar pessoas com perfil técnico e competência para gerenciar as escolas. Os diretores tinham como um dos objetivos principais o combate à evasão escolar. Quando as crianças não apareciam na sala de aula, um responsável da escola ia à casa do aluno e conversava com os pais sobre a importância de manter o filho na escola e do programa de alfabetização. Os alunos passaram a ser constantemente avaliados e os professores receberam bônus por metas atingidas. Algo extraordinário começou a acontecer em Sobral. Como todos os atores estavam envolvidos em combater o problema do analfabetismo – pais, professores, diretores e governo –, desencadeou um processo de colaboração mútua e de aprendizado coletivo dos erros e acertos que foram fundamentais para o aprimoramento do programa. Mas a experiência de Sobral revela que o grande segredo da multiplicação das boas práticas para todas as escolas do município (e mais tarde estendidas às escolas estaduais) foi a saudável obsessão de se criar uma eficaz gestão de processos, estabelecendo protocolos e parâmetros com diretrizes claras do que se espera do aluno, do professor, do diretor e do governo.

Os resultados de Sobral para transformar a educação começaram a aparecer após a implementação dessas medidas. Em 2007, o governo federal estabeleceu que em 2021 o IDEB entre os municípios com mais de 100 mil habitantes precisava ser nota 6. Em 2007, a nota de Sobral foi 4,9; saltou para 6,6 em 2009 e 7,1 em 2011, o que colocara as escolas públicas de Sobral na nota média das escolas privadas do país. Em 2015, Sobral atingira nota 8,8 no IDEB, a mais alta avaliação do Brasil. Hoje, o desempenho do ensino das escolas públicas da cidade estão acima da média dos países da OECD. Isso significa que os alunos da rede pública do ensino fundamental de Sobral possuem educação de qualidade de países avançados. A experiência de Sobral revela que é possível formar e educar bem indivíduos a despeito de sua origem social, oferecendo-lhes conhecimento, habilidades e competências para produzir, competir e empreender no Brasil e no mundo.

OITAVO MANDAMENTO

"RESGATARÁS A CIDADANIA PARTICIPATIVA"

O bom funcionamento da democracia requer o balanço certo de quatro ingredientes: liberdade individual; Estado de Direito; economia de mercado; e cidadania participativa. Deve-se debitar boa parte da crise da democracia contemporânea ao abandono do exercício da cidadania participativa. O cidadão tornou-se viciado em benefícios e mordomias do Estado e se comporta como criança mimada. Sua "luta política" consiste em reclamar do governo, fazer greve para defender privilégios corporativistas e engajar-se em grupos de pressão para garantir benefícios setoriais que oneram o Estado e prejudicam a sociedade, drenando o potencial de o país competir, inovar, produzir e empreender. O desinteresse do cidadão pela política o leva a julgar as questões complexas da esfera pública de maneira superficial, ideológica e imediatista.

O vácuo deixado pela ausência da cidadania participativa permitiu o surgimento de três males que acometem a democracia. O primeiro é o crescimento gradual do despotismo governamental. A intromissão ostensiva do governo na esfera da vida privada tornou-se assustadora. Governos passaram a ditar leis que avançam no campo das escolhas privadas, impondo regras que regulam os hábitos alimentares, as preferências sexuais e as normas sociais. Essa ingerência indevida do Estado na esfera privada procura estabelecer regras de comportamento "politicamente correto"; uma verdadeira afronta às liberdades individuais, aos princípios liberais à pluralidade e à diversidade. A intromissão do governo em usar o poder para padronizar a maneira de falarmos, agirmos e pensarmos, revela uma sociedade com baixa tolerância para lidar com as diferenças de crença, de opinião e de comportamento. Quando perdemos a disposição de lutar pelas liberdades individuais, já não agimos mais como cidadãos, mas como escravos que depositam o seu destino nas mãos do Estado.

Alexis de Tocqueville, um arguto pensador político francês do século 19, já havia vislumbrado a tendência de o cidadão voltar-se apenas para o mundo privado da família, dos negócios e das questões locais, renunciando ao seu papel ativo na vida pública; quero imaginar sob que novos traços o despotismo poderia produzir-se no mundo: vejo uma multidão incalculável de homens semelhantes e iguais que giram sem repouso em torno de si mesmos para conseguir pequenos e vulgares prazeres com que enchem sua alma. Cada um deles, retirado à parte, é como que alheio ao destino de todos os outros: seus filhos e seus amigos particulares formampara ele toda a espécie humana; quanto ao resto de seus concidadãos,está ao lado deles, mas não os vê; toca-os, mas não os sente – cada umsó existe em si mesmo e para si mesmo.[47]

O desinteresse do cidadão pela política, pelo destino do país e pelos seus concidadãos o leva a abrir mão de alguns dos seus direitos, responsabilidades cívicas e liberdades individuais, delegando mais poder ao governo para regular, legislar, governar e decidir não só sobre as questões políticas, como também sobre a vida cotidiana;

Depois de ter colhido em suas mãos poderosas cada indivíduo e de o ter moldado a seu gosto, o soberano estende seus braços sobre toda a sociedade; cobre a superfície desta com uma rede de pequenas

---

[47] Tocqueville, Alexis de. *A Democracia na América*. Editora Martins Fontes, 2ª edição. São Paulo, 2014. Livro 2, p. 389.

regras complicadas, minuciosas e uniformes, através das quais os espíritos mais originais e as almas mais vigorosas não poderiam abrir caminho para ultrapassar a multidão; não quebra as vontades, mas amolece-as, submete-as e dirigi-as; raramente força a agir, mas opõe-se sem cessar a que aja; não destrói, impede que nasça; não tiraniza, incomoda, oprime, desvigora, extingue, abestelha e reduz enfim cada nação a não ser mais que um rebanho de animais tímidos e industriosos, de que o governo é o pastor.[48]

Tocqueville via neste despotismo suave do Estado a mais perigosa ameaça ao governo democrático;

há em nossos dias muita gente que se acomoda facilmente com essa espécie de compromisso entre o despotismo administrativo e a soberania do povo e que pensa ter garantido a liberdade dos indivíduos quando a entregam ao poder nacional. Isso não me basta. De todas as formas que o despotismo democrático poderia assumir, esta seria com certeza a pior[49].

O diagnóstico preciso desse pensador reflete a tendência de o cidadão renunciar gradualmente a suas obrigações e deveres cívicos na sociedade democrática e submeter-se voluntariamente ao jugo do despotismo governamental.

O desinteresse do cidadão pela política causa um segundo mal: a proliferação de facções e de grupos de pressão que disputam o poder para garantir a alocação de benefícios e de favores governamentais, ignorando o bem-estar da sociedade. Como advertiu James Madison, um dos *Founding Fathers* dos Estados Unidos, facções são uma espécie de câncer que mina a estabilidade política, compromete o bom funcionamento da democracia e corrói a legitimidade do governo constitucional. O Estado vem sendo capturado por grupos de pressãoe interesses corporativistas que influenciam a formulação de políticaspúblicas, a criação de benefícios, de subsídios e de medidas protecionistas, cujo

---

[48] Tocqueville, op. cit. Livro 2, p. 390.
[49] Tocqueveille, op. cit. Livro 2, p. 391.

objetivo é proteger classes, setores e grupos em detrimentodo bem comum da sociedade. O crescente poder político do corporativismo desencoraja a inovação, a competição e o bom funcionamentoda economia de mercado; ele fortalece os oligopólios, estimula a proliferação dos rentistas do Estado e reduz as oportunidades que pavimentam o caminho da ascensão econômica e da mobilidade social. O aparelhamento do governo por facções prejudica o entendimento dos reaisproblemas do país, camufla o custo para a sociedade dos benefícios corporativistas e fomenta a criação de uma casta de privilegiados emdetrimento do interesse nacional. Como dizia Aristóteles, a democraciase transforma em tirania quando o governo passa a tratar os interessescorporativistas como se fossem os interesses da nação.

O terceiro mal é o fortalecimento do populismo. O desengajamento do cidadão da vida pública o transforma em uma presa fácil de demagogos. Líderes populistas utilizam o sensacionalismo ideológico, o nacionalismo xenófobo e o ódio para simplificar o entendimento dos problemas complexos da sociedade e traduzir as frustrações, os medos e os desejos de cidadãos incautos para mobilizar as massas e conquistar votos e assegurar o poder. Demagogos insuflam a divisão das pessoas entre "nós" e "eles", distanciando-as do enfrentamento dos reais problemas e defendendo políticas desastrosas para o bem-estar da nação. Líderes populistas trabalham para enfraquecer as instituições democráticas, pois enxergam nos limites constitucionais um entrave para satisfazer a "vontade popular". A eleição de políticos demagogos contribui para a profusão de políticas imediatistas que colaboram para o descrédito das instituições democráticas, agravam as finanças do Estado, retardam as reformas estruturais, geram instabilidade política, pavimentando o caminho para o surgimento de governos despóticos. Não à toa, o legado de governos populistas consiste em descrédito das instituições, debilidade do sistema democrático e profundas crises econômica, política e social.

Para evitar que o populismo, o despotismo e o corporativismo debilitem a democracia representativa, é vital resgatarmos os fundamentos da cidadania participativa. Aristóteles considerava a formação do caráter do cidadão o elemento essencial para o funcionamento da democracia. De fato, ele afirmou que o propósito da política consiste em formar cidadãos virtuosos. O senso de dever público, a participação política e o envolvimento do cidadão no processo de decisões políticas eram atributos indispensáveis para a existência do sistema democrático. A virtude é a garantia da harmonia social, da estabilidade política, da preservação da liberdade e do bom governo. Os princípios éticos e os valores morais disciplinam os apetites humanos, restringem as paixões individuais e permitem os membros da comunidade a deliberar sobre a justiça, as leis e o bem comum. Na política, a ausência da virtude transforma a liberdade em anarquia e a democracia em tirania. Aristóteles acreditava que o ser humano destituído das virtudes cívicas – como a coragem, a prudência, a moderação e a justiça – se torna o mais perigoso e o mais feroz dos animais. Mas como se desenvolve a virtude cívica? Por meio da participação do cidadão na vida pública. Para Aristóteles, a virtude cívica se aprende na prática. Ela se dá por meio da participação nos debates na arena pública; do enfrentamento das resistências dos partidários que relutam em mudar; da habilidade de lidar com as questões controversas e os dilemas morais que demandam escolhas difíceis e requer o aprofundamento do entendimento dos reais problemas do país; da disputa por apoio, persuasão e votos dos concidadãos que, em última instância, moldam o destino do país por meio de suas escolhas e do voto. Os reais embates políticos não ocorrem no mundo das ideias, mas nos espaços públicos, no Congresso, no governo, nas urnas e no voto.

A formação da cidadania participativa exigirá um esforço coletivo de valorização da política. No Brasil, a escola forma cidadãos mimados em vez de espírito cívico. Fala-se na sala de aula de direitos, mas não se discutem as obrigações e os deveres da cidadania. A visão simplista e doutrinária do ensino (especialmente na área de humanas), não colabora para o desenvolvimento do pensamento crítico, desestimula o debate de ideias e a diversidade de opiniões. A educação tampouco encoraja a discussão de dados e fatos, preferindo a simplicidade dos argumentos ideológicos e partidários, cuja essência é um apanhado de aforismos rudimentares de conceitos marxistas e socialistas. Filosofia, ética e dilemas morais não fazem parte do currículo escolar e das discussões na sala de aula. O filósofo grego Sócrates provocava os jovens com perguntas desconcertantes que os faziam refletir sobre o bem e o mal, o justo e o injusto, a coragem e a covardia, a piedade e a intolerância. Essas questões fundamentais ajudavam a moldar a conduta moral dos cidadãos atenienses, obrigando-os a examinar as suas crenças, a formar seu caráter e a ponderar sobre suas escolhas éticas e políticas. O diálogo socrático contribuía para sedimentar a noção de que somos responsáveis pelas nossas escolhas, pelo nosso destino e pelo nosso país.

A educação antiquada, doutrinária e de viés esquerdista que domina o ensino no Brasil não está preocupada em formar cidadãos virtuosos. Ela forma militantes partidários e reivindicadores de "direitos" corporativistas. Não é por outra razão que o espírito corporativista espalhou-se por toda a sociedade. Ele domina os sindicatos, as grandes empresas e as associações de classe. Essas instituições demandam benefícios, privilégios e incentivos do Estado, mas raramente debatem as implicações, os custos, o impacto e as consequências dessas demandas corporativas para o país e para as próximas gerações. O governo da presidente Dilma Rousseff retratou de maneira cabal os efeitos nefastos de um governo capturado por interesses corporativos. Ao atender às demandas por privilégios e favores de vários grupos de pressão, o país foi duramente penalizado; perdemos competitividade, produtividade e sucumbimos a uma gigantesca crise fiscal e econômica, cujo custo está sendo pago com recessão, desemprego e queda de investimento.

Os partidos políticos também abandonaram a tarefa de colaborar para a formação da cidadania participativa. Não há mais programa de formação política para a juventude partidária nem para os aspirantes a candidato aos cargos públicos. A queda significativa do número de filiados e a percepção de que os partidos deixaram de representar os valores, as aspirações e os interesses do eleitor são sinais preocupantes da crise da democracia representativa. Cresce o cinismo em relação à política, o que colabora para distanciar o cidadão das questões públicas e permitir que a política se torne refém de grupos de pressão que lutam para capturar o Estado.

O desinteresse pela política e o sequestro do governo pelos interesses corporativistas obrigaram as pessoas a buscarem outros fóruns para discutir as questões públicas. O engajamento cívico passou a ocorrer nas redes sociais, nos movimentos cívicos, nas instituições do terceiro setor e em alguns nichos de comunicação – como blogs, canais de TV a cabo, mídias sociais e em algumas poucas publicações conceituadas. A cidadania participativa se manifesta nesses espaços que produzem ideias, debates e soluções inovadoras que vêm obrigando os governos a reagirem à pressão da sociedade. As instituições formais – partidos políticos, governo e Congresso – estão paulatinamente se esclerosando. Elas necessitam se abrir para a sociedade civil e encorajar o florescimento da cidadania participativa. O ar fresco da cidadania participativa lhes fará bem para revigorá-las. A melhor forma de reconectar o Estado com a sociedade é a descentralização do poder.

A tecnologia vem ajudando a reacender a chama da cidadania. A capacidade de as pessoas se conectarem para resolver problemas, compartilhar ideias e criar novas soluções ajuda os governos a enfrentar os desafios de aumentar a eficácia dos serviços públicos. A combinação de cidadania participativa e de tecnologia colabora para mobilizar as pessoas em torno dos problemas na arena pública, a criar soluções inovadoras e a combater o corporativismo estatal. Cidades como Londres, Barcelona, Nova York e Boston vêm estimulando a interação e a inovação entre governo, empreendedores, instituições acadêmicas e redes sociais para criar soluções que ajudem a melhorar a qualidade e eficácia de serviços públicos. Essa combinação de governos e mobilização cívica para resolver reais problemas vem produzindo projetos engenhosos para revitalizar áreas urbanas degradadas e desenvolvendo soluções ousadas, como a criação dos distritos de inovação. Essas áreas permitem governos testarem legislações e incentivos responsáveis por atrair empreendedores, conhecimento, tecnologia e negócios que colaboram para expansão da vocação econômica da cidade, atraindo gente talentosa, investimentos e inovação. A maioria dos governantes ainda não compreendeu que ao incentivar a participação das pessoas no processo de escolhas e de decisões públicas, colaboramos para reacender o espírito público e reaproximar o cidadão do Estado. Governos podem aumentar a transparência de dados e de informação, estimulando as pessoas a encontrar soluções para os problemas públicos. A criação de canais de *feedback* de programas e de políticas públicas trará informações valiosas para o governo, possibilitando a avaliação e monitoramento da qualidade e eficácia de serviços públicos e permitirá que ele adote ações corretivas com celeridade. O embate de ideias e de soluções ajuda a criar o senso de urgência e a despertar a atenção das pessoas para as reformas prementes de que o governo se esquiva por receio de perder votos e poder. Colabora também para o aumento da conscientização cívica e da compreensão dos desafios e dos limites do governo, trazendo mais racionalidade à discussão sobre custos e benefícios das propostas e esvaziando o apelo simplório dos discursos demagógicos.

    Esse esforço comum para resolver problemas na arena pública permite aos cidadãos e governantes quebrar as barreiras que separam o governo da sociedade. Trata-se de algo importante para resgatar a importância da cidadania participativa, o significado da vida cívica e a valorização da política. Ao darmos a devida atenção aos reais problemas do país, seremos capazes não só de desenvolver soluções inovadoras, como também de rever conceitos, atitudes e crenças que nos impedem de enfrentar as mudanças de comportamento e de cultura que travam o progresso do país.

Quando nos distanciamos da política, criamos uma visão infantil do governo, o que nos leva a nutrir expectativas irrealistas do Estado e das lideranças políticas, gerando frustração e alimentando o cinismo em relação à política e às instituições democráticas. Precisamos resgatar o arcabouço dos princípios, crenças, mitos e símbolos que tecem o novelo da nossa história e da nossa cultura, molda o nosso tecido social, define a nossa identidade e torna-se a base da uma narrativa comum que nos mantém unidos como povo e nação. A cidadania participativa terá um papel fundamental na construção de uma nova narrativa. Ela será vital para nos conscientizarmos dos limites do governo e nutrirmos expectativas realistas sobre os governantes, os partidos e as instituições democráticas.

A cidadania participativa nos obrigará a trabalhar em rede. O emprego da tecnologia e a intensificação da troca de conhecimento e informação entre o mundo público e privado serão fundamentais para promover experimentos e testar políticas públicas inovadoras. O espírito de colaboração e de cooperação para resolver problemas na arena pública ressuscitará o realismo político; um ingrediente fundamental para enfrentarmos a longa e difícil batalha para desmantelar o assistencialismo estatal e criar o Estado prestador de serviço. A resistência implacável dos rentistas do Estado, dos grupos de pressão e dos políticos viciados em cultivar o poder por meio da subserviência aos interesses corporativistas só será superada se formos capazes de construir um novo consenso em torno das reformas. Se fracassarmos na missão inadiável de reformar o Estado, deixaremos um legado terrível para os nossos filhos e netos. Eles terão de lidar com um Estado falido, uma economia estagnada e o crescimento do radicalismo político e o triunfo do populismo. Essas ameaças destruirão os valores que permitiram o êxito da civilização ocidental: a democracia; a liberdade individual; o Estado de Direito; a economia de mercado; a competição; a inovação; e um padrão de vida decente para milhares de pessoas.

NONO MANDAMENTO

"NÃO ABRIRÁS MÃO DOS GANHOS DA GLOBALIZAÇÃO"

Dani Rodrik, professor de Harvard, retrata em um livro seminal o trilema que desafia o mundo contemporâneo[50]. Segundo ele, os países terão de optar entre a globalização, a democracia e o estado-nação.

Pode-se combinar dois desses elementos, mas é impossível manter os três juntos. Como a democracia tornou-se um bem inegociável, o real debate será travado entre a globalização e o estado-nação. O primeiro demanda mais liberdade para o fluxo de bens e serviços; o segundo exige que tanto a economia como o comércio sejam submetidos ao escrutínio dos interesses nacionais. Os defensores do estado-nação argumentam que a globalização mina a soberania do país, transferindo muitas decisões dos governos nacionais para instituições supranacionais – como a União Europeia, Fundo Monetário Internacional (FMI) e a Organização Mundial do Comércio (OMC) –, cujo papel é zelar pelo bom funcionamento da economia global, e não pelo interesse específico de um país. A globalização concentra poder nas mãos de tecnocratas, extraindo o poder do eleitor de escolher, por meio do voto, os governantes e as propostas que melhor representam os

---

[50] Rodrik, Dani. *The Globalization Paradox: Democracy and the Future of the World Economy*. W.H.Norton & Company.Inc, New York, USA, 2012.

interesses do país. A conclusão de Rodrik é que o trilema será resolvido pela preservação da democracia e do estado-nação, obrigando-nos a renunciar à globalização.

Estive com Rodrik logo após a publicação do livro e lhe disse que discordava da sua conclusão. A meu ver, o trilema deveria ser resolvido por meio da combinação de democracia e globalização em detrimento do estado-nação. Afinal, a globalização trouxe inúmeros benefícios para a maioria das pessoas e nações. Desfrutamos do mais longo período de crescimento econômico da história; presenciamos a ascensão econômica dos países emergentes e a sua integração à economia global, o que possibilitou tirar bilhões de pessoas da pobreza e reduzir a disparidade de renda entre os países ricos e pobres. Graças à abertura comercial, houve um aumento extraordinário da competitividade e da produtividade; consumidores de todas as camadas sociais passaram a ter acesso a produtos e serviços restritos às classes mais abastadas. Houve um aumento significativo do padrão de vida tanto nos países ricos como nos emergentes. Por fim, a livre circulação de capital, pessoas e ideias desencadeou uma rica troca de conhecimentoe de *know how* que colaborou para o desenvolvimento econômico dasnações; para o aumento da cooperação, do entendimento e da preservação da paz entre as grandes potências mundiais; para a contribuição do progresso da ciência e da cultura e para o fomento da revolução tecnológica que vem transformando a maneira de produzirmos, vivermos e interagirmos no século 21.

Perguntei a Rodrik como é possível preferir o estado-nação, um anacronismo do século 20, à globalização. Dani respondeu-me que o nosso apreço pelas liberdades democráticas e a importância do senso de pertencimento que define a nossa identidade nacional prevalecerão sobre os ditames da globalização. Ao deparar com a situação presente do mundo, o prognóstico do professor Rodrik parece estar correto. O nacionalismo e o populismo deixaram de ser um sinal de debilidade política e institucional de países emergentes e voltaram a surgir com vigor nas democracias avançadas. O xenofobismo contra imigrantes, a volta de políticas protecionistas e a queda significativa do comércio mundial são sinais preocupantes do retrocesso da globalização. Apesar de preocupantes, esses sintomas podem ser mero reflexo do crepúsculo de uma era.

Quando nos deparamos com situações que geram muita incerteza e medo, costumamos recorrer às velhas crenças e atitudes que nos dão a sensação de segurança, de direção e de proteção. Em uma época marcada pelos efeitos nefastos de uma longa recessão econômica que dizimou milhares de empregos; pelo surgimento de movimentos terroristas que geram insegurança e cerceiam as liberdades individuais; e pela incapacidade de os governos encaminharem de maneira eficaz os problemas nacionais e globais – como desastres ambientais, movimentos de imigração em massa, e inabilidade das grandes potências de lidar com crises político-militares no Oriente Médio e na fronteira do leste europeu –, criou-se um solo fértil para o renascimento do nacionalismo e do populismo. Demagogos que atacam a globalização e vendem a ilusão de que políticas nacionalistas e barreiras protecionistas serão capazes de blindar o país contra as crises econômicasinternacionais, o terrorismo, o desemprego e a invasão de imigrantes, produzem a falsa impressão de que é possível restabelecer o senso de segurança, de controle e de ordem que imaginamos ter desfrutado no passado.

Essas ilusões apenas colaboram para desviar a nossa atenção do enfrentamento dos reais problemas que ameaçam as conquistas políticas, econômicas e sociais dos últimos 30 anos. Não tardará para o torpor nacionalista e a impostura do populismo revelarem-se escapismos inócuos para conter as ameaças que afetam a paz mundial, a retomada do crescimento econômico e os graves problemas sociais que desafiam a legitimidade dos governos e a credibilidades das instituições democráticas. Quando as pessoas acordarem do efeito inebriante dessas ilusões nacionalistas e demagógicas, depararão com uma enorme dor de cabeça. Descobrirão que ao optar por abrir mão da globalização, tornaram-se mais pobres, mais intolerantes, mais protecionistas e menos preparadas para enfrentar os desafios globais. O trilema proposto por Dani Rodrik tem de ser encarado pensando nas crenças e nos valores que desejamos preservar e aqueles que precisamos descartar para assegurarmos os ganhos da globalização, da democracia e do estado-nação. Se o senso de pertencimento que a nacionalidade nos confere é um valor importante que desejamos preservar, temos de redefini-lo para adequá-lo ao contexto do mundo globalizado. O conceito de nacionalidade contribuiu para a construção da identidade comum que une a nação. A nacionalidade é lentamente moldada pela história, mitos e crenças que forjam a cultura, a língua, os valores, os costumes e as instituições de um país. Ela confere um senso de pertencimento, de norte e de referência para o seu povo, colaborando para ampliar o horizonte de cooperação, de interação e de laços que ditam as relações entre pessoas, empresas e governo. As referências nacionais ditam os costumes e leis que regemas relações políticas, econômicas e sociais; elas se manifestam na criação artística e na produção cultural, assim como nas preferências e preconceitos de um povo.

O conceito de nacionalidade não é incompatível com os fundamentos da globalização. A nacionalidade ajuda a refinar a nossa consciência de civilização e de mundo, permitindo-nos estabelecer alguns princípios basilares para construirmos uma ordem internacional capaz de disciplinar as ambições dos governantes e o comportamento das nações. Entretanto, o senso de nacionalidade se transforma em uma grave ameaça à estabilidade internacional quando se converte em nacionalismo desenfreado. O nacionalismo dificulta o entendimento das questões globais. Fomenta a proliferação de preconceitos que dificultam a cooperação e a colaboração entre as nações, acirrando as divisões entre "nós e eles" e estimulando a criação de barreiras que nos isolam do mundo e nos afastam dos reais problemas. O nacionalismo nos condena à ignorância, limita o nosso raio de visão e nos escraviza ao primitivismo tribal que nos leva a ter uma vida curta, pobre e bruta, como descrevera Thomas Hobbes, o filósofo político do século 17.

É preciso descartar o nacionalismo para preservarmos as virtudes da globalização. Haverá períodos de retrocesso e de avanço, mas não existe possibilidade de sepultá-la e de retornarmos ao mundo pré-globalização. A tentativa de desfazer o complexo arcabouço criado pela globalização traria um enorme custo político, econômico e social que a maioria das pessoas não está disposta a pagar para preservar os interesses tribais da nação. Três fatores explicam os motivos pelos quais a preservação da globalização é irreversível.

Primeiro, a interdependência global gerou crescimento econômico, riqueza e elevação do bem-estar social para milhares de pessoas, tanto nos países ricos como nos pobres. O aparecimento das cadeias globais de produção descentralizou de tal forma a produção de bens que se tornou impossível definir um produto nacional. Um carro, por exemplo, conta com design feito em um país, produção em outro, peças fabricadas em um terceiro e software e tecnologia em um quarto. As cadeias globais, entretanto, não existiriam se não houvesse a interdependência do sistema financeiro global. O papel de governos e das instituições financeiras para garantir o livre fluxo de capitais foi vital para o surgimento de uma sofisticada indústria financeira capaz de respaldar a demanda de investidores, de empresas e de empreendedores que atuam no mercado global. Ademais, governos também tiveram de se adaptar à interdependência global. O comércio mundial passou a ser regido por acordos multilaterais e tratados regionais que tiveram um papel preponderante para impulsionar a abertura comercial, a inserção dos países emergentes na economia mundial e a criação das cadeias globais de produção. A coordenação das ações governamentais e das instituições multilaterais para preservar o bom funcionamento da economia mundial e gerenciar crises globais tornou-se peça-chave para assegurar o bem-estar das nações.

Segundo, a revolução tecnológica teve um papel importantíssimo em acelerar a interação entre pessoas e países, resultando em melhoria expressiva da qualidade de vida, de ganho de produtividade e da geração de riqueza. A intensidade e a frequência da troca de produtos, ideias, conhecimento e de pessoas transformaram radicalmente a política de Estado, a economia e as relações sociais. Tornou-se evidente que os nossos interesses transcendem as barreiras do estado-nação. Empresários e empreendedores trabalham com uma gigantesca rede de fornecedores e de parceiros espalhada pelo mundo. Cientistas e acadêmicos engajam-se em pesquisas e em novas descobertas, compartilhando conhecimento que os permitem combater epidemias, desenvolver novos remédios e descobrir novas galáxias no universo. Governos compartilham dados e informações vitais para lidar com acidentes ambientais, terrorismo, combate ao crime internacional e crises políticas, econômicas e militares que ameaçam a paz e a ordem global.

Terceiro, a revolução tecnológica e o surgimento de uma nova geração pós-Guerra Fria (1989) aceleraram exponencialmente o processo de interação entre pessoas e instituições. Uma nova geração, nascida em um mundo sem fronteiras no qual as redes sociais, a tecnologia e o livre fluxo de ideias, pessoas e bens são coisas "naturais", vive uma realidade na qual seus interesses, suas causas e suas amizades transcendem os limites do estado-nação e desafiam permanentemente governos que tentam reerguer barreiras e impor limites no seu raio de ação e de escolhas. A geração da globalização desencadeou uma extraordinária mudança de cultura e de mentalidade. Ela impulsionou o aumento da conscientização sobre as questões globais, revelando a necessidade de fomentar a cooperação e colaboração de governos, empresas e instituições para enfrentarmos os problemas mundiais. A globalização ajudou a criar um mundo mais tolerante, no qual o respeito às diferenças contribuiu para romper as fronteiras do pensamento, da informação, dos mercados e dos preconceitos que dificultam o diálogo e o entendimento.

Mas se os benefícios da globalização são tão evidentes, por que se tornou impopular e vem sofrendo grandes retrocessos? É verdade que a globalização não trouxe ganhos iguais para todos. Ela gerou uma grande leva de descontentes e de perdedores incapaz de se adaptar ao novo contexto e às rápidas e avassaladoras mudanças. Esse contingente de insatisfeitos é formado majoritariamente por três grupos: pessoas com baixa escolaridade; indivíduos acometidos pela crise da meia-idade; e aqueles que se sentem excluídos da sociedade. O primeiro sofre com a perda de empregos que desapareceram com o advento da tecnologia ou que imigraram para países emergentes, onde a mão de obra é mais barata. O segundo sente-se perdido e sem referência em um mundo global que abalou suas crenças em instituições que pareciam sólidas, perenes e inabaláveis. O papel do Estado, o conceito de família e o significado do trabalho, por exemplo, vêm passando por um profundo revisionismo que gera desconforto e insegurança. O nacionalismo tornou-se a boia de salvação para pessoas que têm dificuldade de navegar em um mundo sem um padrão dominante de valores e de comportamento. O terceiro é formado por extremistas que enxergam na globalização o mal que precisa ser sepultado. Ao encontrarem no radicalismo um novo significado que removeu a insignificância de suas vidas e lhes deu um novo senso de propósito, os radicais acreditam que livrarão o país dos males da globalização por meio do nacionalismo exacerbado, do extremismo político e do fanatismo religioso.

Os radicais tornam-se uma ameaça real à sociedade quando suas causas começam a conquistar a simpatia de uma grande massa de insatisfeitos. A demagogia e o radicalismo político tornam-se alternativas palatáveis para uma parcela significativa dos eleitores quando os efeitos das crises econômicas, o aumento do desemprego, a crescente desigualdade de renda entre ricos e pobres e a percepção preponderante da disfunção dos governos, desencadeiam um sentimento generalizado de insegurança, de medo e de incerteza na sociedade. Cria-se, então, um solo fértil para as soluções simples e ilusórias propostas pelos demagogos. Suas promessas conquistam votos de simpatizantes que acreditam que devemos construir muros para deter imigrantes que roubam empregos; edificar barreiras protecionistas que salvam as empresas nacionais da competição predatória do mercado global; e apoiar governos fortes que buscam restabelecer a supremacia dos interesses nacionais, blindando o país dos conflitos, guerras e causas globais que perturbam a segurança e a ordem da nação. Infelizmente, os sintomas evidentes de descontentamento com a globalização vêm gerando decisões preocupantes. Os eleitores que optaram pela saída do Reino Unido da União Europeia (Brexit), os americanos que votaram em Donald Trump e os defensores dos governos autoritários na Venezuela e Rússia são exemplos desse fenômeno.

Se desejarmos preservar a globalização, será necessário adotar estratégias distintas para lidar com esses três grupos. É preciso compreender os valores que cada um deles deseja preservar e aqueles que precisam mudar. O primeiro grupo busca preservar a *dignidade do trabalho*. A exclusão do indivíduo do mercado de trabalho abala a autoestima e gera insegurança emocional e material. A existência de uma rede de proteção social garante a segurança material e alivia parcialmente o temor da indigência, mas não resolve as questões emocionais e psicológicas de uma geração que aprendeu que o trabalho confere dignidade pessoal e status social. O desafio comportamental consiste em redefinir o papel do trabalho e preparar as pessoas para a nova realidade do emprego. O conceito de dignidade do trabalho não estará mais atrelado ao cargo que ocupam em uma empresa, ao tamanho da sua sala no escritório ou ao número de empregados sob o seu comando. Vivemos em uma era na qual trabalhadores autônomos, empregos temporários e empreendedores venderão serviços, conhecimento e expertise e trabalharão em casa, em cafés e online. Não haverá mais chefes ou secretárias, mas pares que se reúnem para desempenhar uma tarefa ou implementar um projeto. Governos também serão pressionados a reformar legislações trabalhistas que servem apenas para proteger categorias sindicalizadas em detrimento do restante da sociedade, como prestadores de serviço, trabalhadores autônomos e, sobretudo, jovens e pessoas de terceira idade que gostariam de trabalhar temporariamente.

O segundo grupo quer preservar o *senso de pertencimento*. A fusão da ideia de pertencimento com a globalização torna-se benéfica quando somos desafiados a "pensar localmente e agir globalmente". Lisboa, Milão e Nova York, por exemplo, atraem milhares de pessoas em busca dos encantos do localismo: monumentos, comida, história, cultura, educação e diversão. Saber valorizar as tradições, os hábitos e costumes locais tornou-se fonte importante de atração de turismo, de negócio e de reinvenção da vocação econômica de cidades e países. O localismo reforça os laços de pertencimento e de nacionalidade, criando uma demanda global por produtos locais – como vinhos, moda, universidades e arte. Já o globalismo estimula a população local a se tornar mais cosmopolita e tolerante para receber o fluxo de estrangeiros, investidores e empresários que buscam o país para visitar, trabalhar e empreender. Na esfera pública, a descentralização do poder político será algo fundamental para aumentar a autonomia administrativa dos governos locais e envolver o cidadão na cocriação de políticas públicas. A descentralização colaborará para conectar o governo com as pessoas em torno da resolução dos problemas locais. Governos desconectados dos reais desafios que afetam a vida do cidadão, contribuem para o descrédito da política e para a corrosão da confiança nas instituições democráticas. Eles colaboram para fomentar o populismo, o nacionalismo e o radicalismo.

O terceiro grupo – os radicais – tem de ser enfrentado com as armas da democracia. É preciso aplicar o poder duro das leis, da justiça e da coerção para preservar a ordem e a segurança, mas é vital empregarmos a criatividade para construirmos uma nova narrativa que tenha mais apelo do que o discurso sedutor do nacionalismo e do radicalismo que encanta os inconformados e insatisfeitos com a democracia e a globalização. A batalha das narrativas será determinante para o êxito da globalização. Por isso, o discurso precisa estar alinhado com as nossas ações, nossa capacidade de resgatar a confiança e a esperança na democracia e também com os sonhos da liberdade: a capacidade de empreender; o resgate da igualdade de oportunidade por meio da educação de qualidade; o êxito do mérito e a perspectiva de ascensão social; o cultivo da liberdade de pensamento, de crença e de escolha que nos permite ser, viver e conviver com a pluralidade deinteresses, raças, credos e costumes.

A divisão política no mundo não é mais determinada pelos antigos conceitos de direita e esquerda, mas entre os defensores e adversários da globalização. A questão central que divide as escolhas políticas pode ser resumida entre abrir-se ou fechar-se para o mundo. O populismo e a antiglobalização estão impregnados na direita – Donald Trump nos Estados Unidos, Frente Nacional na França, Liga do Norte na Itália – e na esquerda – Bernie Sanders nos Estados Unidos, Syriza na Grécia e Podemos na Espanha. Ambos prometem erguer barreiras protecionistas, defender os empregos nacionais, expulsar imigrantese fechar o país para o mundo.

Felizmente, o Brasil está na contramão do antiglobalismo. Bastou uma década de governo petista e da desastrosa política nacionalista para que os brasileiros sentissem na pele os efeitos nefastos do marxismo chinfrim, do nacional desenvolvimentismo e do antiliberalismo político. A tese de que, em um país de muitas desigualdades, o governo precisa taxar os mais ricos para transferir recursos para os mais pobres provou ser uma falácia. O Brasil taxa 44% do PIB e tem o Índice de Desenvolvimento Humano (IDH) pior de países semelhantes, como o México (que taxa 19% do PIB) e Chile (que taxa 20% do PIB). A política nacional-desenvolvimentista, que protegeu setores da economia da competição internacional e criou as empresas "campeãs nacionais", destruiu a capacidade de competir das companhias brasileiras, derrubou a produtividade nacional e deixou como herança um governo quebrado e 11 milhões de desempregados.

Há três fatores preponderantes que vêm contribuindo para o crescente repúdio ao antiglobalismo no Brasil. Primeiro, estamos acordando para o fato de que o país precisa se abrir e integrar-se ao mundo global, se desejarmos voltar a crescer de forma sustentável e atrair investimento externo. Segundo, a rápida urbanização do país e o surgimento de uma classe média mudaram a percepção da política e do Estado. A urbanização minou o poder político dos currais eleitorais e do voto de cabresto, criando eleitores independentes e com apurado senso crítico do papel e do desempenho dos governos. O aparecimento de uma classe média despertou a consciência de parcela majoritária do eleitorado de que trabalhamos três meses por ano somente para pagar os impostos que sustentam o Estado e que, em contrapartida, presta serviços públicos de péssima qualidade. Por fim, as evidências cristalinas da disfunção do governo em resolver os problemas do país levou a sociedade a pressionar os governantes a aprovar uma agenda de reformas do Estado para transformá-lo em um ente mais eficaz, mais transparente e mais responsável (*accountable*). Esses três fatores revelam que os ventos da globalização fazem bem aos brasileiros; eles despertam a consciência cívica e retratam a falência das políticas nacional-esquerdista-populista que nos mantiveram no cativeiro do subdesenvolvimento por tanto tempo.

DÉCIMO MANDAMENTO

"RESGATARÁS A CREDIBILIDADE DO ESTADO, A VIRTUDE DA POLÍTICA E A DEFESA DA DEMOCRACIA E DA LIBERDADE"

Temos uma importante missão como nação: resgatar a virtude da política, a confiança nas instituições democráticas e a credibilidade do Estado. Fora do Estado democrático, restam-nos duas tiranias: a da natureza e a do despotismo. A primeira é a da anarquia, do mundo imprevisível, bruto e violento, cujo único propósito é a luta cotidiana pela sobrevivência. A segunda é a do despotismo; a ideia de que a ordem, a proteção e a segurança garantidas pelo Estado autoritário são mais importantes do que a liberdade e os seus efeitos colaterais, como a volatilidade, a turbulência e a desordem momentâneas, geradas pela diversidade de crenças, inovações e escolhas que moldam a política, a economia e as relações sociais.

A democracia degenera-se e se transforma em tirania quando os cidadãos passam a ignorar a política e tratá-la com escárnio e cinismo. O desinteresse pela política serve como fertilizante para a ascensão de demagogos e tiranos que capturam o Estado com o discurso moralizador dos costumes, de defensores da justiça social e de restauradores da ordem e da glória do passado. Na linguagem dos tiranos e dos populistas, o "aperfeiçoamento" da democracia consiste em cercear a liberdade de crença e de expressão e converter as instituições públicas em instrumento de perseguição a adversários e opositores do governo e de cooptação de apoio da população por meio da distribuição de favores, verbas e benefícios públicos que criam vínculos de dependência das organizações, das empresas e dos indivíduos com o Estado e com os interesses do regime.

Podemos atribuir grande parte da crise da democracia contemporânea à complacência em defendermos os princípios da liberdade e de nos esquivarmos da discussão dos valores que desejamos preservar e aqueles que teremos de rever. A política não se limita ao debate de políticas públicas e de propostas técnicas para melhorar a eficiência do Estado; é preciso também discutir o propósito, os valores e os princípios que definem as nossas escolhas políticas e a nossa atuação pública. Quando eliminamos da política a discussão de valores, restam apenas o cinismo, o julgamento raso e a apatia política. Trata-se do mundo do "pós-verdade", no qual a nossa opinião é mais importante do que os fatos; a realidade só faz sentido quando entendemos os acontecimentos por meio das nossas crenças, ideologias e "verdades" individuais. Mas a ilusão é um artifício criado pelo indivíduo para renovar as suas esperanças nos momentos de grandes aflições e frustrações. Ela traz um alívio temporário ao sofrimento, pois costuma criar a sensação enganosa de que existe um atalho indolor, capaz de trazer soluções rápidas e eficazes, para os nossos problemas. A ilusão blinda as pessoas da árdua tarefa de confrontar a si mesmo e de revisar suas crenças, ações e escolhas que as levaram a trilhar o caminhoerrado. A ilusão sempre traz novas desilusões porque a realidade nãose enquadra na moldura das nossas fantasias.

A presente crise da democracia retrata a degeneração dos seus princípios sagrados. Na política, o gigantismo estatal, a excessiva burocratização, a redução da liberdade individual e a incapacidade do Estado responder às necessidades e anseios da população vêm destruindo os laços de confiança que unem a sociedade e o governo. Naeconomia, o livre mercado vem sendo substituído pelo capitalismo de Estado e pelo poder crescente das grandes corporações que restringem a competição e pressionam o governo por favores, proteção e vantagens privados às custas do bem público. No campo social, a igualdade de oportunidade vem sendo sufocada pela crescente desigualdade de conhecimento, de formação educacional e de renda que divide as pessoas entre aquelas que conseguem transformar conhecimento em produtos, causas e atividades que dão um senso de propósito de vida, e as que são alijadas do mercado de trabalho, da interação social e levam uma vida sem sentido e sem perspectiva de um futuro melhor.

A credibilidade do regime democrático depende da sua eficácia em preservar a ordem, garantir a liberdade individual e de não tratar o cidadão como vaca leiteira, cuja função social é fornecer recursos para o sustento do governo e dos rentistas do Estado. Quando a política perde a áurea da ética e do senso de virtude, ela se torna um instrumento perverso de pactos e de conluios que desvirtuam os princípios da democracia, cerceiam a liberdade e transformam o Estado em um mero instrumento de sorver recursos da sociedade para preservar o poder de pessoas que vivem às custas de rendas e benefícios públicos. As distorções dos princípios democráticos foram agravadas pela destruição da virtude na política. A eleição de governantes que prometem o que não podem cumprir aumenta a frustração das pessoas com a política e com a democracia. A visão imediatista que pauta a atuação dos políticos os leva a perseguir apenas objetivos de curto prazo, perdendo-se de vista o senso de legado e objetivos de longo prazo que justificam os sacrifícios momentâneos em troca de benefícios futuros para o país e para as próximas gerações. A inexistência de senso de legado destruiu o senso de dever público e de conduta exemplar que deveriam pautar o comportamento das lideranças do país. Perderam o senso de missão pública, de timoneiros da civilização e de líderes capazes de mobilizar as pessoas para resolver os reais problemas que ameaçam a democracia, a liberdade e o progresso da sociedade. De fato, crises retratam o acúmulo de problemas recorrentes que nós não enfrentamos por falta de coragem, de liderança e de convicção da necessidade de mudarmos certas crenças e atitudes para nos adaptarmos ao novo contexto e preservarmos os valores que nos são caros.

Um dos sintomas mais evidentes da ausência de discussão de valores é a pobreza das nossas narrativas. Histórias ensinam lições e são capazes de despertar em nós o senso de urgência, de lidar com desafios e incertezas e de renovar as nossas esperanças em construir um futuro melhor. Narrativas expressam valores, aspirações e experiências que nos levam a identificar nossas emoções e histórias com o drama, os sentimentos e os dilemas de outros indivíduos. Ninguém faz coisas extraordinárias cumprindo tarefas e seguindo processos. O que nos faz realizar coisas extraordinárias são o senso de propósito e a existência de significado que despertam a vontade de agir. A história não é um mero instrumento de reflexão sobre os acontecimentos passados, mas uma atividade importante para compreendermos a realidade, enfrentarmos os reais problemas e desenvolvermos a capacidade de pensar e de agir politicamente. A história é a memória coletiva da nação. Ela retrata os valores, as crenças e atitudes que nos definem como indivíduos e sociedade. Valores são códigos de instrução e de comportamento que definem a nossa identidade pessoal (quem somos e como nos apresentamos no mundo) e os nossos papéis (de filho, pai, trabalhador, eleitor etc.). Por isso, rever valores é uma das tarefas mais difíceis da vida. Mexe com a nossa identidade pessoal e com os papéis que representamos. Mas a evolução da espécie, assim o progresso da nação, depende da capacidade de discernirmos a parte do nosso DNA que precisamos preservar e aquela que devemos mudar para nos adaptarmos à nova realidade.

O desconhecimento da nossa história reflete uma combinação trágica de ignorância, cinismo e de doutrinamento ideológico e antiliberal nos anos de formação escolar das crianças e jovens brasileiros. Esses três fatores comprometem a nossa capacidade de diagnosticar os reais problemas, induzindo-nos ao esquecimento dos nossos erros e acertos, das nossas virtudes e defeitos e de nos iludirmos facilmente com os atalhos e as soluções simples, demagógicas e ineficazes propagadas pelos nossos governantes populistas. Santo Agostinho dizia que "a esperança nos deu duas filhas lindas: a indignação e a coragem. A indignação nos ensina a não aceitar as coisas como elas são; a coragem a mudá-las". A indignação e a coragem serão as nossas espadas para promovermos as mudanças de crenças e de atitudes que noscondenam ao atoleiro do subdesenvolvimento. A história do Brasil eos exemplos virtuosos de instituições e de indivíduos que exerceramum papel fundamental na defesa da liberdade e da democracia servirão de escudo para lutarmos pelos valores que desejamos preservar.

A principal ilusão que nutrimos durante séculos foi a ideia de que o personalismo e o populismo seriam capazes de edificar uma ordem política estável e duradoura. Apesar de o personalismo e do populismo terem exercido uma influência nefasta na construção do estado brasileiro, as nossas instituições políticas evoluíram, graças aos nossos *outliers* – pessoas extraordinárias que tiveram um papel protagonista na luta pela liberdade, pelo fortalecimento das instituições democráticas e pela defesa do Estado de Direito. São raríssimos os países emergentes queapresentem a combinação de atributos semelhantes aos da democraciabrasileira, tais como liberdade de imprensa; eleições livres e limpas; instituições independentes e capazes de exercer o seu papel constitucionalde peso e contrapeso; alternância de poder entre partidos políticos pormeio de eleições limpas e regulares; e cidadãos livres para manifestarsuas opiniões e fazer escolhas sem receio de serem presos e de veremsua propriedade confiscada por meio de uma decisão arbitrária do governo. No Brasil, abolimos a escravidão, criamos uma república liberal, vencemos a guerra contra a hiperinflação e depusemos ditadorese presidentes corruptos por uma combinação de mobilização cívica, decisões parlamentares e atuação de grandes estadistas que lutaram corajosamente para defender a liberdade e a democracia[51].

As gerações passadas nos deixaram um valioso legado. Temos de honrá-lo continuando a luta para destruir o populismo, fortalecer as instituições democráticas, edificar o Estado liberal e salvaguardar

---

[51] D'Avila, Luiz Felipe. *Caráter e Liderança* – Nove estadistas que construíram a democracia brasileira. São Paulo, Editora Mameluco, 2013.

as liberdades individuais da ingerência do governo na vida privada do cidadão. O fortalecimento das instituições exigirá a drástica diminuição do personalismo político. Obrigar-nos-á a rever laços de lealdades, de pertencimento, de interesses particulares e até mesmo de identidade pessoal que o personalismo político, o clientelismo, o compadrio, o nepotismo e o patrimonialismo esculpiram ao longo dos séculos. A troca de favores e de apoio entre políticos e cidadãos foram responsáveis pela criação de negócios privados e de fortunas familiares; pela conquista de empregos públicos e de cargos políticos que fortaleceram as relações pessoais, a impunidade e o poder arbitrário dos governantes em detrimento do fortalecimento das instituições, do Estado de Direito, da meritocracia e da saudável competição de mercado.

A criação do Estado eficiente demandará melhoria da qualidade e da eficácia da gestão pública e mais transparência de dados e informações para podermos mensurar e avaliar programas de governo e políticas públicas. A impessoalidade do Estado é sinal de maturidade política. Representa o triunfo das instituições sobre o personalismo, do Estado de Direito sobre o particularismo, da responsabilidade de diagnosticarmos os nossos erros e buscarmos soluções para os nossos problemas sobre a busca infantil por culpados pelos infortúnios do país.

A postura do governo também precisa mudar perante a sociedade. Ele deixou de ser o celeiro de respostas e soluções para os problemas do país. Governantes terão de se reeducar e aprender a trabalhar em parceria com o setor privado, academia e terceiro setor. Terão de perder a vergonha de compartilhar problemas, buscar ajuda e soluções na sociedade e admitir que não têm resposta para os desafios do presente. Governos terão de assumir o risco político de testar, inovar e experimentar novas ideias, soluções e políticas públicas e conviver com a incerteza do resultado e o fracasso de certas tentativas. Mas esse custo político é infinitamente menor do que o da prática atual de fazer promessas e não cumprir, buscar atalhos e soluções demagógicasque apenas desviam a atenção e o foco do real problema.

Contudo, temos de preservar a nossa cordialidade – "a lhaneza do trato, a hospitalidade, a generosidade" – que, como afirmou Sergio Buarque de Holanda, é a nossa grande contribuição para a civilização. A cordialidade foi um elemento importante que nos permitiu criar uma nação pacífica, tolerante e capaz de resolver suas divergências internas e externas por meio do diálogo, do entendimento e da diplomacia. Ela nos deu também outra grande virtude, apontada por Gilberto Freyre: a capacidade de miscigenar raças e culturas e de criar uma nação multirracial na qual crenças, costumes e tradições europeias e africanas mesclaram-se, criando uma das nações mais tolerantes do mundo. Os nossos laços de afetividade, de lealdade e de pertencimento sempre foram mais fortes do que as divergências que nos separam. De fato, esse é o segredo que nos permitiu cultivar a paz e o entendimento doméstico e com os países vizinhos. Nesse sentido, somos um verdadeiro exemplo de nação em uma época de radicalismo político, de intolerância a imigrantes, de guerras e conflitos por causa de religião, diferenças e de rivalidade entre etnias.

A atual crise política e econômica fez surgir três forças poderosas no Brasil. A primeira é a indignação com a corrupção. O povo que ocupou as ruas para depor o governo da presidente Dilma em 2016 continuará a ocupar a rua toda vez que os governantes relutarem em combater a corrupção e inventarem atalhos para proteger interesses corporativistas e legislar em causa própria. A segunda é a conscientização da falência do Estado patrimonialista. A recessão econômica trouxe à tona aquilo que os economistas sabiam, mas o povo desconhecia: pagamos uma das mais altas cargas tributárias do mundo e temos serviços públicos de péssima qualidade porque o dinheiro dos nossos impostos é utilizado para sustentar o Estado e os rentistas do governo. A melhoria da gestão pública é inadiável, pois a recuperação da credibilidade do governo e da confiança da sociedade no Estado começa pela capacidade de o governo entregar serviços públicos de qualidade sem aumentar os impostos. A terceira força é o ativismo cívico. A revolução tecnológica aumentou o poder, a voz e a capacidade das pessoas de se mobilizarem para atuar na arena pública. O cidadão deixou de ser um mero ator coadjuvante, que apenas votava e pagava impostos, para se tornar corresponsável e protagonista na busca de soluções para os problemas públicos. A cidadania participativa e a tecnologia desintermediaram a relação entre a sociedade e o Estado. A parceria entre cidadão, governo, iniciativa privada e terceiro setor inaugurou a era da cooperação e da capacidade coletiva para criar soluções para os problemas públicos. Trata-se de uma missão de todos e não apenas monopólio do governo.

A boa governança da democracia requer a participação ativa dos cidadãos na vida pública. Aristóteles definiu a espécie humana como "animal político" justamente por possuirmos a capacidade de resolvermos as nossas diferenças por meio da persuasão, do debate, do entendimento, do voto e da livre escolha dos governantes, das leis e das ações que definem o destino da comunidade. Mas o exercício da política tem de ser pautado pelo senso de virtude. O filósofo grego dizia que o propósito da política é criar cidadãos virtuosos; pessoas capazes de discernir entre o bem e o mal, o justo e o injusto. Quando a política está divorciada do senso de virtude, os valores são corrompidos; as inclinações pessoais se sobrepõem ao dever público, os interesses particulares ditam a política pública e o espírito cívico se degenera, transformando o cidadão em um rentista do Estado.

Aristóteles nos ensinou que a liberdade só floresce no Estado democrático. É somente no âmbito da democracia, da soberania da lei e da ordem institucional que a liberdade, a diversidade e a pluralidade de crenças, de etnias, de opiniões e de interesses se transformam em força propulsora da inovação, da criação, do progresso econômico, científico e tecnológico, da expressão artística e, acima de tudo, da manifestação máxima do livre-arbítrio. O indivíduo é passageiro, mas o Estado é permanente. Sem o Estado, a civilização não se perpetua, a memória dos nossos erros e acertos se esvaece e a nossa existência não passaria de um sopro fugaz e insignificante que se perderia no buraco negro do tempo e do espaço.

A criação do Estado democrático permitiu a edificação da civilização moderna, instituiu a relativa paz entre as grandes potências globais e possibilitou o mais longo ciclo de prosperidade econômica e de melhoria de qualidade de vida para milhares de pessoas. As nações democráticas têm o mais alto padrão de vida do mundo e as mais altas rendas *per capita*. O regime democrático colaborou para fortalecer os laços de confiança entre sociedade e governo, a previsibilidade das leis e a continuidade de políticas públicas. Esses laços pavimentaram o caminho para o desabrochar da liberdade, a propagação do conhecimento e a troca de bens, ideias e experiências que pavimentaram o caminho do advento da ciência, do progresso material, da criação do livre mercado e da nossa capacidade extraordinária de resolver problemas, superar desafios e ameaças e nos adaptarmos a novos contextos e realidades. Esses laços nos deram também o senso de comunidade, de pertencimento e de independência que são vitais para orquestrar a atuação organizada da nação em tempos de ameaças internas e de perigos externos. Como disse Winston Churchill, primeiro-ministro britânico em uma época que as tiranias ameaçavam dominar o mundo no século 20, "a civilização não vai durar, a liberdade não sobreviverá, a paz não será mantida, a menos que uma ampla maioria da humanidade se congregue para defendê-las e, estando ela a tal ponto mobilizada, só restará às forças da barbárie e do atavismo, a rendição"[52].

---

[52] Ferguson, Niall. *Civilization. The West and the Rest*. Allan Lane, publicado porPenguin Books, New York, NY, 2011, p. 325.